낭송 읽기 혁명

〈공부쉽게하기연구소〉의 읽기 혁명 프로젝트

낭송
읽기 혁명

안기열 지음

출판이안

〈공부쉽게하기연구소〉의 읽기 혁명 프로젝트

낭송 읽기 혁명

초판 인쇄 | 2016년 6월 7일
초판 발행 | 2016년 6월 10일

지은이 | 안기열
펴낸곳 | 출판이안

펴낸이 | 이인환
등 록 | 2010년 제2010-4호
편 집 | 이도경, 김민주
주 소 | 경기도 이천시 호법면 단천리 414-6
전 화 | 031)636-7464, 010-2538-8468
팩 스 | 070-8283-7467
인 쇄 | 세종피앤피
이메일 | y.akyeo@hanmail.net
홈카페 | http://cafe.daum.net/leeAn

이 도서의 국립중앙도서관 출판시도서목록(CIP)은 서지
정보유통지원시스템 홈페이지(http://seoji.nl.go.kr)와 국
가자료공동목록시스템(http://www.nl.go.kr/kolisnet)에서
이용하실 수 있습니다.(CIP제어번호 : CIP2016013106)

ISBN : 979-11-85772-26-4 (03020)

값 13,800원

〈공부쉽게하기연구소〉의 읽기 혁명 프로젝트

상담을 시작할 때, 성적 때문에 고민하는 친구들에게 던지는 세 가지 질문이 있다.

"학교에서 공부하는 내용은 흥미롭니?"
"수업시간에 듣는 자세는 바른 자세로 앉아 있니?"
"선생님의 말씀이 무슨 내용인지 알아들을 수 있니?"

부모와 선생님은 긍정적인 대답을 원하지만 아이들은 부정적인 '아니요'로 답한다.

이럴 때, 부모와 선생님은 수업 시간에 엎드려 있는 아이를 보면 답답하다고 한다. 그런데 답답한 것은 아이들도 마찬가지이다. 긴 시간을 앉아서 알아듣지도 못하는 말을 들으며 버틴다는 것은 정말 큰 고역이다.

아이들이 이럴 수밖에 없는 원인은 현재 아이들이 처한 환경에서 찾아야 한다. 아이들이 태어나서 듣게 되는 각종 기계음들은 아이들의 생각이 자리 잡아야 할 자리에 두성으로 소리를 낼 수밖에 없는 소리음으로 자리 잡고 있다. 아이들의 일상을 차지하고 있는 텔레비전이나 컴퓨터, 각종 오디오에서 나오는 소리와 거리의 골목길을 차지한 음악 소리, 자동차 소리 등이 아이들이 누려야 할 정적인 공간을 잠식하고 말았다.

이러다 보니 생각을 해야 하는 머리가 소음에 시달리고 있다. 이러한 소음에 가까운 소리들은 듣기에도 거북스럽지만 지속적일 때는 짜증스러운 상황을 만들어 간다.

낭송 읽기는 이러한 소음이 판치는 환경에서 만들어진 뇌의 자리를 생각으로 채워주는 가장 좋은 도구이다. 또한 낭송 읽기는 교육에서 중요한 어휘력을 찾아주는 가장 좋은 공부법이다.

독서를 중요하게 여기면서도 방금 읽은 책의 내용도 정확하게 설명하지 못하는 아이들이 생각보다 엄청 많다. 내 아이가 그렇지 않다고 장담할 수 있는 부모가 얼마나 될까?

상상해 보자. 영어로 대화를 하지 못하는 사람이 미국에 홀로 떨어져 산다면 어떨까? 시간이 지나 그나마 단어는 알아듣겠는데 연결은 되지 않아 소통을 할 수 없다면 얼마나 답답할까?

낭송 읽기는 수업 시간에 책을 읽으면서도 무슨 뜻인지 몰라 멍하니 앉아 무기력하게 시간만 보내는 아이들을 도와주기 위한 방법이다.

요즘은 프로젝트 수업이 주를 이루고 있다. 자신의 의견이나 생각을 표현할 수 있는 능력을 갖춰야 한다. 낭송 읽기를 배우면 입이 자동으로 열리고 말문이 트여 어떠한 질문에도 거리낌 없이 말하는 자신감을 갖게 된다. 그 자신감은 학습에서 가장 중요한, 자존감 형성에도 많은 도움을 준다.

필자는 〈공부쉽게하기연구소〉에서 아이들에게 학습코칭을 하면서 읽기의 중요성을 인식하고, 아이들에게 서당식 낭독 읽기 교육을 접목해서 많은 효과를 보았다. 그러던 중에 서당식 낭독 읽기 교육에서 느꼈던 2%의 부족함을 채우기 위해 고민했다. 그러다 작은 아이에게 피아노를 가르치면서 언어에 있는 운율을 발견하고 메트로놈을 이용한 읽기를 접목시켜보았다. 그랬더니 낭독 읽기를 힘들어 하던 아이들이 리듬감을 느끼며 좀더 쉽게 하는 것을 경험하면서 '낭독 읽기'를 '낭송 읽기'로 발전시켰다. 또한 필자는 그 당시 몸이 좋지 않아 헬스클럽에 다니면서 몸을 바로 잡기 위한 복식호흡을 배웠는데, 복식호흡에 좋은 소리를 내는데 꼭 필요하다는 것을 알았다. 그렇게 복식호흡 발성법을 배우면서 자연스레 아나운서들이 발성할 때 복식호흡을 매우 중요하게 여긴다는 것을 알았다.

필자는 이렇게 10여 년에 걸쳐 서당의 낭독 읽기, 피아노의 메트로놈 활용법, 헬스클럽의 복식호흡을 통한 올바른 자세 만들기, 아나운서들이 복식호흡 발성법을 접목한 '낭송 읽기'를 아이들에게 가르치면서 좋은 효과를 보았고, 이제 풍부한 경험을 바탕으로 〈낭송 읽기 혁명〉이라는 책을 세상에 내놓는다.

이 책은 필자가 현장에서 만났던 수많은 아이들과 학부모들을 통해 검증된 사례와 실전 중심으로 이뤄졌다. 따라서 묵독으로 한번 읽는 것으로 그치지 말고, 처음부터 소리내서 읽어 보았으면 한다. 처음부터 '낭송 읽기'로 하다 보면 중간 부분에서 제시하고 있는

'낭송 읽기'의 훈련 프로그램 방법을 좀더 구체적으로 이해할 수 있을 것이다. 이 책을 '낭송 읽기'의 텍스트로 삼아 꾸준히 훈련을 해 나가야 효과를 얻을 수 있다. '낭송 읽기'는 이론이 아니라 실천에 있기 때문이다.

그동안 현장에서 필자와 함께 했던 많은 아이들과 학부모님들께 먼저 감사드린다. 아울러 아직 필자와 인연이 닿지 않아 만나지 못했지만 학습의 기초인 '읽기'가 되지 않아 학교생활에 재미를 느끼지 못하는 아이들과 이런 아이를 두고 고민하고 계시는 모든 부모님들께 이 책으로 먼저 인사를 드린다.

책이 나오기까지 항상 이끌어 주신 하나님께 영광과 감사를 드린다. 언제나 딸의 인생을 걱정하며 기도하시는 친정 부모님과 시어머님께 감사한 마음을 전하고 싶다. 아낌없이 후원해 주신 출판이안 이인환 대표님과 관계자 여러분께, 늘 옆에서 도와주는 남편 최기웅님과 엄마의 바쁜 시간을 이해하고 도와준 두 딸 지혜, 지민이에게도 감사를 보낸다.

공부쉽게하기연구소 대표 안기열

: CONTENTS

프롤로그 _ 5

Part 1. 우리 아이 수업 알아듣게 해주세요
읽기가 문제라는 것 아시나요? _ 17
우리 아이 수업 알아듣게 해 주세요? _ 19
게임과 스마트폰에 빠진 아이의 뇌를 찾아주세요 _ 21
손들고 발표하는 자신감 있는 아이로 키우고 싶어요 _ 24

part 2. 낭송 읽기로 기적을 이루다
이야기로 풀어보는 낭송 읽기 이야기 _ 29
낭송에도 소리를 내는 기술이 필요하다 _ 33
낭송을 위한 최적화된 몸짱 만들기 _ 39
낭송을 위한 기본자세 _ 43
계속할 수 있는 힘 _ 45
비상하는 힘 _ 50

Part 3. 낭송 읽기에 아이들 미래가 달렸다
교과서 낭송 읽기로 성적을 잡다 _ 55
수능 준비도 낭송 읽기로 해결된다 _ 58
면접도 낭송 읽기로 합격했다 _ 62
게임 중독도 읽기 수업으로 우등생이 되었다 _ 65
ADHD 증상을 극복한 낭송 읽기 _ 69

Part 4. 낭송 읽기 그 기적의 이야기

낭송 읽기란 무엇인가? _ 75

낭송 읽기의 힘 _ 77

낭송 읽기는 글자에 생명력을 불러 일으킨다 _ 79

낭송 읽기는 내용의 맛을 살린다 _ 81

낭송 읽기는 글자를 놓치지 않고 읽을 수 있다 _ 83

낭송 읽기는 자신의 뇌를 움직이게 한다 _ 84

낭송 읽기는 자신감을 키울 수 있다 _ 87

낭송 읽기는 리더십을 키워준다 _ 89

Part 5. 아이들 책읽기 어떻게 하고 계신가요?

낭송 읽기에 관심을 갖자 _ 93

책읽기와 학습을 하나로 보자 _ 95

책읽기는 아이의 수준에 맞게 시작해야 한다 _ 97

한 우물을 파는 책읽기 전략이 필요하다 _ 100

교과서 낭송 읽기로 내신을 대비하자 _ 102

낭송의 전략 계단학습 매뉴얼 _ 105

교과서 낭송 읽기로 선행학습을 잡는다 _ 112

낭송 읽기로 수업시간에 선생님들과 소통하라 _ 114

Part 6. 교과서 낭송 읽기로 학습능력 키우기

낭송 읽기로 교과서를 잡다 _ 119

교과서 예습 3단계 학습법 매뉴얼 _ 121

수업을 위한 교과서 낭송 학습 방법 _ 128

교과서 낭송 학습 요일별 매뉴얼 _ 133

Part 7. 교과서 낭송 읽기 습관 만들기 프로그램

중학교 1학년 남학생 진형이 사례 _ 137

1주차 낭송을 통해 몸의 안과 밖을 소통시키기 _ 143

2주차 낭송을 위한 속 근육 키우기 _ 148

3주차 지구력 키우기 훈련 _ 152

Part 8. 낭송 읽기의 에너지 호흡법 훈련

낭송 읽기 호흡은? _ 157

1주차 나의 호흡은 잘되고 있나요? _ 160

2주차 낭송 읽기를 위한 숨쉬기 _ 162

3주차 호흡을 강화시켜요 _ 164

Part 9. 낭송 읽기 힘의 원천 발성 훈련법

발성이란? _ 169

발성훈련 1주차 낭송하기 좋은 음을 찾아서 _ 176

발성 훈련 2주차 문장으로 연습하기 _ 184

발성 훈련 3주차 낭송으로 하는 마음훈련 _ 188

메트로놈 설치하기 _ 191

Part 10. 낭송 읽기 힘의 원천 발음 훈련법

낭독의 시너지 발음 _ 195

발음훈련 1주차 입이 먼저 움직여야 해요 _ 200

발음훈련 2주차 입과 소리가 함께 움직여요 _ 205

발음훈련 3주차 소리 없이 박자 세며 읽기 _ 208

Part 11. 낭송 읽기 최종 마무리 훈련

일정한 호흡 밖으로 보내기 연습 _ 215

1주차 한 호흡 발성과 발음에 집중하자 _ 217

2주차 한 호흡으로 교과서 읽어 보기 _ 222

3주차 자기를 소개하는 표현 능력 키우기 _ 226

낭송 읽기는 수업 시간에 책을 읽으면서도

　무슨 뜻인지 몰라 멍하니 앉아 무기력하게

시간만 축내는 아이들을 도와주기 위한 방법이다.

PART

1

우리 아이
수업 알아듣게 해주세요

읽게 해야 한다.

요즘 아이들 읽을 줄 모른다.

내 아이 수업 알아듣게 해줘야 한다.

읽기가 문제라는 것 아시나요?

수업시간이 지루하니 졸 수밖에 없다. 수업 내용을 알아듣지 못하고 긴 시간을 멍하니 있어야 하니 버틸 수가 없다. 어떻게 해야 하나?

읽게 해야 한다. 수업에 동참할 수 있는 기본자세는 읽기 능력이다. 읽기가 안 되니 수업을 들을 수 있는 어휘력이 저장되어 있지 못하다. 그러니 수업이 재미있을 리가 없다.

아이가 책을 읽을 줄 모른다는 것은 정말 인정하기 어렵다. 읽고 쓰는 데 아무 지장이 없는데 읽기를 못한다니 이게 무슨 말인가 싶기도 할 것이다. 하지만 엄연한 현실이다. 요즘 아이들 읽을 줄 모른다. 아니 읽어도 무슨 뜻인지 모른다. 읽기의 기본이 되어 있지 않기에 어휘력이 부족하고, 어휘력이 부족하기 때문에 읽기와 더욱 담을 쌓고 있다.

따라서 선생님의 수업 내용이 무슨 말인지 알아들을 수 있도록 읽기부터 다시 시작해야 한다. 그 과정에 자연스레 어휘력도 향상시키고, 그것을 통해 학습의욕을 키워 줘야 한다.

낭송 읽기는 책을 읽고 정보를 저장하는 능력도 탁월하지만 수업을 듣고 이해할 수 있는 어휘 저장 능력을 가질 수 있게 한다. 내 아이의 성적이 좋지 않다면 지금부터 다시 읽기를 점검해 봐야 한다. 그래서 아이가 수업을 들을 수 있게 만들어야 한다. 다른 어떤 방법은 없다. 아이들은 읽기에 자신감을 가질 때, 어휘력이 쌓이면서 수업에 흥미를 가지게 되고, 수업에 흥미를 가질 때 학업성취도 이룰 수 있다.

우리 아이 수업 알아듣게 해 주세요?

어휘력이 부족한 아이는 일단 교과서를 읽어도 무슨 말인지 잘 이해하지 못한다. 이런 아이는 교사의 설명도 잘 이해하지 못해 수업에서 가져가지를 못한다.

부모의 마음은 이럴수록 더 집중해서 들으면 좋겠지만 아이 입장에서는 무슨 말이지 몰라서 딴 짓을 하게 되고 집중을 하지 않아서 교사의 말을 잘 이해하지 못하고 교사가 지시한 대로 활동을 하지 못하게 된다.

   – 송채환의 '초등1학년 책읽기가 전부다' 중에서

수업은 교과서 중심으로 이뤄진다. 그런데 읽기가 되지 않으니 교과서가 싫어지고, 자연스레 공부능력은 떨어질 수밖에 없다. 읽기는 어휘력의 부족으로 연결되고 물론 수업 태도까지 연결이 된다. 하지만 아이들은 교사의 설명도 잘 이해하지 못해 수업에서 듣는 지식들을 받아들이지 못하고 있다.

읽기가 어려우니 교과서를 멀리 하고, 그렇게 학년이 올라갈수록 배경지식이 부족해 진도를 따라 갈 수가 없다. 수업을 알아듣지 못해서 딴 짓을 하고, 선생님의 잔소리를 들으며 공부와 더욱 담을 쌓기 시작한다.

이런 반복적인 학교생활은 선생님과 관계도 멀어지게 만들고, 선생님의 가르침에 제대로 반응하지 못하는 아이로 만들게 된다.

결국 읽기가 답이다. 읽기를 잡아야 공부의 기초를 잡아 줄 수 있다. 읽기는 책을 읽는다는 개념을 넘어 학교생활에 지대한 영향을 주면서 사회생활까지 영향을 끼친다. 수업시간에 참여하기가 힘이 들면 사회생활에도 소극적일 수밖에 없기 때문이다.

읽기는 학년을 고려하지 말고 기본적인 방법을 제대로 알아야 한다. 읽기를 처음 시작하게 되는 만3세의 아동부터 대학입시를 앞둔 고등학생이라도 읽기 방법을 제대로 배워 정확하게 읽는 능력을 갖춰야 한다.

읽기 방법 중에 낭송은 책읽기에 뛰어난 효과를 갖게 한다. 책을 읽지만 그림을 인식하듯 글자만 읽는 행위는 소용이 없다. 그렇게 읽기 때문에 많은 책을 읽어도 생각에서 생각을 연결하는 능력이 떨어지는 것이다.

게임과 스마트폰에 빠진
아이의 뇌를 찾아 주세요

여성가족부는 2016년 3~4월에 전국 1만 1천 49개 학교의 초등학교 4학년 40만 9천명, 중학교 1학년 45만 2천명, 고등학교 1학년 56만 3천명 등 학령전환기 학생 142만 3천 266명을 대상으로 '인터넷 · 스마트폰 이용습관 진단 조사'를 실시했다.

여성가족부는 중독 정도에 따라 전문기관의 도움이 필요한 수준인 '위험사용자군'과 지속적인 관리가 필요한 '주의사용자군'으로 나눠 인터넷 · 스마트폰으로 일상생활에서 심각한 장애를 겪고 있는 대상에게 도움을 주고자 한다고 했다.

미래창조과학부와 한국정보화진흥원에 따르면 2014년 국내 인터넷 이용자는 4,112만명(이용률 83.6%)을 넘어섰고, 스마트 기기를 가진 사람(만 6세 이상)은 78.6%에 달했다. 국내에서 스마트 기기를 사용하는 인구는 전체의 4분의 3을 넘는 것으로 알려졌다.

인터넷은 어느덧 시대의 대세로 자리 잡았다. 인터넷을 무조건 못하게 말릴 수 없는 시대가 된 것이다. 따라서 지금은 효율적으로 인터넷을 사용하도록 관리하는 노력이 필요하다.

한참 자라며 공부해야 할 아이들에게 인터넷이라는 문명의 기기는 긍정적인 면도 있지만, 자칫하면 중독이라는 수렁에 빠져 헤어 나오지 못하는 부정적인 면도 많은 것이 현실이다.

'위험사용자군'이나 '주의사용자군' 뿐만 아니라 잠재적으로 중독에 빠질 위험이 있는 아이들에게 낭송 읽기는 더할 나위 없이 좋은 공부법이다.

인간의 뇌는 활발한 운동을 했을 때 쾌락중추가 즐거움을 느끼는 활동으로 갈아타는 변화를 보인다. 도파민이 분비되는 핵심부위에 위치한 신경중추인 쾌락중추는 뇌의 깊은 곳에 위치하고 있으며, 쾌락을 느끼는 행동을 반복적으로 할 때 자극을 받아 도파민이 분비하며 잠깐의 기쁨을 느낀다고 한다.

그런데 이러한 자극이 게임이나 스마트폰으로 형성되면 벗어나지 못하는 중독성향을 보이게 되는데, 이럴 때 낭송 읽기로 책을 통해 중독에 빠져 있는 쾌락중추를 다른 활동으로 갈아타게 만드는 것이다.

낭송 읽기는 이렇게 뇌의 환경 변화를 일으켜 배움의 길을 가야 하는 아이들에게 중요한 시기를 무의미하게 보내지 않고 실력을 쌓아갈 수 있게 되는 것이다.

이미 성장한 뇌는 중독에 걸렸을 때 쉽게 치유하기 어렵지만, 아직 성장 단계에 있는 아이들의 뇌에는 낭송 읽기로 자극을 주면 쉽게 치유의 효과를 얻을 수 있다.

손들고 발표하는
자신감 있는 아이로 키우고 싶어요

    교육출판 전문기업 천재교육은 전국 초중생 599명을 대상으로 가정 내 부모 자녀 간 대화 양상과 자녀들이 생각하는 부모의 모습에 대한 설문조사를 실시했다. 전체 응답자 중 40.2%의 학생들이 부모와 대화 시간이 '부족하다'고 답했다.

    그 중에 엄마와 하루 동안 나눈 대화 시간은 '30분 이상~1시간 미만'(31.4%), '2시간 이상'(27.9%) 순으로 조사되었다.

    대화 시간의 부족은 아이들이 학교생활에서도 친구들과 원만한 의사소통을 하지 못하고, 신체적 폭력이나 언어적 폭력의 원인으로 부각되고 있다. 아울러 대화 시간이 부족하다 보니 표현력의 부족을 불러오고, 표현력의 부족은 수업 시간에 자신의 의견을 표현하는 것도 힘들게 만든다. 그렇다고 이런 현실을 부모만 탓할 수 없다. 부모들도 어디서 제대로 배워 본 적이 없으니 누구를 탓하랴.

"이런 대화법을 좀 더 일찍 배웠더라면 좋았을 걸 그랬어요."

부모 자녀 대화법 강의를 하다 보면 이렇게 후회하는 분들을 많이 만날 수 있었다. 그러나 어쩌랴. 늦었다고 후회될 때가 가장 빠른 때다. 지금 배웠으면 바로 실천에 들어가야 한다. 후회만 한다고 지난 일을 되돌릴 수는 없다. 지금이라도 지속적인 관심을 갖고 대화법을 배울 수 있는 교육을 찾아다니며 부모 스스로가 움직여야 한다.

그럴 시간적 여유가 없을 때 필요한 것이 독서다. 하지만 대화법은 이론으로만 배울 수 없는 것이라 독서에는 명백한 한계가 있다. 배웠으면 마음과 몸으로 익혀야 하는데 독서는 자칫 책장을 넘길 때만 알고 넘기는 것으로 그칠 수 있기 때문이다. 그래서 낭송 읽기가 중요하다.

낭송 읽기는 아이들이 성장하면서 배워야 할 감정의 다양성과 책속에 들어있는 많은 상황을 마음과 몸으로 익힐 수 있는 좋은 독서법이다. 아이들은 낭송 읽기를 통해 부모가 미처 알려주지 못한 표현능력을 키워갈 수 있다. 낭송 읽기를 하는 동안 자연스레 입이 트이고, 자신의 의견을 표현하는 능력을 강화시킬 수 있다. 낭송 읽기로 책을 읽으면서 터득한 문장의 구성성분을 올바로 사용해서 조리 있게 말하는 능력을 키울 수 있다.

책을 구성하는 문장에는 주어와 서술어가 존재하며 그 사이로 목적어와 관형어, 부사어가 들어 있다. 이러한 문장 성분을 이론으로 배우는 게 아니라, 낭송 읽기로 터득하면서 말을 할 때도 주어와 서술어의 관계가 분명한 말을 하는 능력을 체득하는 것이다.

이런 경험은 부모와 대화를 할 때 부모가 어떠한 질문을 해도 근거가 있는 논리적인 의견을 표현할 수 있게 만든다.

부모와 자녀 사이라도 말로 표현하지 않으면 사이가 벌어진다. 그래서 낭송 읽기에서 가장 중요한 것은 부모가 먼저 배워서 아이에게 그대로 적용시키는 것이다.

자녀는 부모의 뒷모습을 보며 자란다. 밥 먹는 모습이며, 공부하는 모습, 그리고 일상에서 모든 것을 부모를 통해 배울 때 습득하는 능력이 빨라진다. 아이들은 부모가 하는 대로 배우려 하고, 또한 의도하지 않더라도 자연스럽게 본받으며 자란다.

부모가 의도적으로 낭송 읽기를 배워서 익힌다면 아이도 저절로 따라하려고 할 것이다. 부모가 낭송 읽기를 통해 결과를 내면, 아이들은 저절로 그 결과물에 녹아들 것이다. 더 이상 아이들 때문에 고민하거나, 말로 가르치려 하지 말고 부모가 먼저 낭송 읽기의 모범을 보여줬으면 한다.

낭송 읽기는 이론도 중요하지만, 그것을 실천하고 훈련하면서 내 것으로 만들어 가는 과정이 더욱 중요하다. 아이 혼자서 할 수 없는 과정이 많으니까 부모가 더욱 관심을 갖고 살펴보았으면 한다.

PART 2

낭송 읽기로
기적을 이루다

낭송 읽기는 메타인지에서 필요한 학습법이다.

읽지 않고 눈으로 보는 가짜 앎을 극복할 수 있으며

시험을 위한 총정리 학습으로 마무리 할 수 있다.

이야기로 풀어보는 낭송 읽기 이야기

교육관련 전문잡지사 손기자는 다음 교육지에 담을 기획 기사 때문에 고민에 빠졌다. 기사를 하나씩 배당 받았는데 주제가 딱히 잡히지 않아서다. 요즘 학생들이 갖는 관심거리를 생각하려 해도 막연하기만 하다. 그러다 자기주도학습에 관해서 써보기로 했다. 11월에 있을 대입수학능력평가일이 얼마 남지 않아 교육하면 떠오르는 주제로 적합하다는 생각이 들었기 때문이다. 수능과 연관된 공부를 어떻게 하면 잘 할 수 있는지 알아보고 그 해결책을 제시하고 싶었다. 이제 주제는 잡았으니 모델이 필요했다.

손기자는 주위에 학교 교육을 자기주도학습 방법으로 공부하는 친구가 있는지 알아보았다. 교육관련 전문가들에게 수소문한 덕에 소개를 받고 만나기로 했다. 아이의 이름은 강진수(가명)이며 중학교 2학년이다. 진수는 게임 중독에 걸려서 부모와 늘 대립관계에 있었다고 한다. 공부보다는 친구를 좋아하고 학교생활은 늘 잠을 자다가 집으로 오는 것이 일상이라고 전했다. 그러다 보니 성적은 말할 것도 없이 하위권의 자리를 지키고 있다고 한다. 그러던 이 친구가 어느 날부터인가 스스로 움직임을 통해 공부를 시작해서 엄친아 대열에 진입을 바라보고 있다고 한다. 사람들이 말하는 자기주도 학습이란 걸 하고 있다고 했다. 기사에서 원하는 그야말로 대중적인 스토리를 가지고 있는 친구였다.

진수는 어떻게 좋아하던 친구들을 만나지 않고 중독이 된 게임도 끊으면서 공부에 집중할 수 있었을까? 손기자는 먼저 어머니를 만나 아이에 대해서 물어 보았다.

"진수는 예전에 어떤 아이였나요?"
"아이가 아침에 가방을 메고 학교를 가는 것만으로 감사하다는 말을 아실런지요. 남들에게는 평범한 일이 저희 가정에서는 무척이나 힘든 시간들이었어요."
"학교를 가기 싫어 한 이유가 있었나요?"
"게임 때문이기도 하고 공부가 하기 싫다는 말이었어요."
"공부를 싫어한 이유가 따로 있었나요?"
"학교에 가서 수업을 들어도 선생님이 무슨 말씀을 하시는지 모르겠고 그러다 보니 학교에 가면 잠만 자고 오는데 뭣하러 학교에 가냐는 거죠. 하지만 저희는 자더라도 학교에 가서 자고 학교

생활에 조금이라도 적응하기를 바라는 마음이 있었죠."

"밤에는 뭐하고 학교에 가서 잔다고 해요. 단순하게 수업을 알아들을 수가 없다는 이유인가요?"

"아니죠, 게임을 하느라 밤을 샐 때가 많았어요."

"못하게 하면 되지 않은가요?"

"제가 문제였죠. 아이가 소란을 피우고 화를 내면 그냥 넘어가고 했던 것이 시간이 흐르면서 아이가 그렇게 된 거죠. 게임이란 것이 레벨이 올라 갈수록 충족하기 위해 더 많은 시간을 투자해야 하고 그러다 보니 학교 공부를 멀리하게 되고 수업을 따라갈 수 없는 실력이 된 거지요."

"그랬던 진수가 어떻게 변할 수 있었는지 궁금하네요?"

"사람이 갈망하다 보면 기회가 생기나 봐요? 낭송으로 책을 읽으면 아이가 변화될 수 있다는 강의가 있어서 신청했어요."

"단순하게 강의만 들었는데 진수가 달라졌다는 말씀이신가요?"

"강의를 듣고 진수에게 적용해 보았지요. 강사님이 그러시던데, 듣기만 하고 행동으로 옮기지 않으면 허공에 대고 배우는 것과 같다구요. 그래서 실천을 했죠. 저나 진수에게는 절박했으니까요. 진수의 학교 생활을 지켜보면서 울기도 많이 울고 진수와 싸우면서 무척이나 힘들었으니까요."

"지금은 괜찮아 진 거죠?"

"진수가 요즈음은 학교에서도 공부를 하려고 노력 중이라고 하더라구요. 저러다가 예전으로 돌아갈까 부모로서 걱정이 되지만 괜찮다고 하니 아이를 믿어보기로 했어요."

　손기자는 어머니를 통해서 진수가 낭송으로 읽기능력을 키워서 성적을 올렸고, 자기 주도 학습 능력도 향상시켰다는 것을 알 수 있었다. 그래서 어머니에게 어떻게 '읽기'에 관심을 갖게 되었냐고 했더니 진수의 읽기를 코치한 선생님을 소개해 주겠다고 했다.
　손기자는 오늘의 진수로 변화시켜 준 코치를 직접 만나 인터뷰하기로 마음 먹었다.

낭송에도 소리를 내는 기술이 필요하다

"코치님, 진수 어머님의 말씀을 듣고 전화드렸습니다. 이번에 진수가 시험을 너무 잘 봤다고 은근히 자랑하시더군요. 시험도 시험이지만 예전에 시험 공부하는 모습과 이번에는 너무 다른 모습이라 그게 더 좋았다고 말씀하셨어요."

"어떤 모습이 달라졌다고 하시나요?"

"예전에는 공부도 제대로 안하면서 짜증을 내고 힘들어 했는데 이번 시험은 짜증도 안내고 스스로 하는 모습이 기특하셨다고요."

"자기 주도 학습이라는 것이 누구를 탓하거나 핑계를 대지 않고 자신이 스스로 책임을 지면서 공부자세를 만들어 가서 그래요. 효과를 봤다니 저도 기쁘네요."

"그런데 코치님 부탁이 있습니다."

"뭔지 들어 드릴 수 있으면 해드려야죠. "

"진수에게 하셨던 읽기 코칭을 저도 알고 싶어서요."

"진수 어머니께 설명해달라고 부탁했더니 코치님께 직접 배우라고, 자기는 2% 부족하다면서 슬쩍 코치님을 소개해 주셨습니다."

"이 방법은 이야기만 들어서는 힘들어요. 직접 실습을 하시면서 해야 하는데 시간이 되실런지요?"

"알려주신다면, 만사를 제쳐두고 해야죠. 실은 저에게도 초등학교 다니는 6학년, 4학년인 두 녀석이 있거든요. 이런 좋은 방법을 배워서 자식에게 도움을 주고 싶은 마음이 애비의 마음이겠죠."

"저야 기자님께서 하신다면 기꺼이 시간을 만들어서라도 해야죠."

"코치님 감사합니다."

"별말씀을요. 제 스케줄을 알아보고 연락드리겠습니다."

"네, 코치님 연락주세요."

며칠 후, 손기자는 학습코치로부터 연구소에 있으니 찾아와도 좋다는 연락을 받았다. 〈공부쉽게하기연구소〉의 입구에 들어서는 손기자를 향해 학습코치는 손을 내밀어 인사를 건넨다. 손기자도 학습코치에게 반갑다는 함박웃음을 건네고 자리에 앉았다

학습코치는 손기자의 열정을 엿볼 수 있었다. 교육기자로서 아이들에게 행복한 공부법을 알려주고 싶어하는 적극적인 모습을 보았기 때문에 만남을 갖기로 했다.

"손기자님, 대부분의 사람들은 일상에서 모국어를 사용할 때 큰

어려움이 없습니다. 왜냐하면 이는 어느 나라든 아이가 성장하는 동안 듣고 말하던 언어들을 사용하기 때문이죠. 그런데 이러한 말들이 글로 문자화된 것을 해석하려면 그 의미를 파악하기 어려워 매우 힘들어 합니다."

"왜요. 똑같은 모국어인데요?"

"사람들이 문자 인식에 어려움을 겪는 이유는 자신이 살아온 환경이나 사고능력을 키우는 과정에서 영향을 받기 때문이지요. 이러한 현상은 성장하면서 교육적인 환경으로 충분히 경험할 수 있었음에도 불구하고 시기를 놓친 경우들이 많답니다."

"그렇군요."

"지금도 아이들은 자신의 환경이나 배움의 과정에서 배워야 할 것들이 많은 상황에 놓여있습니다. 그런데 몸은 움직이고 있으면서도 스스로 해야 하는 방법을 몰라서 못할 수도 있습니다. 그리고 낭비하는 시간들로 인해 놓치고 있는 경우들도 많이 있습니다, 교육관련 기자시니까 아실 겁니다. 요즘 아이들 교실 풍경을 한 번 생각해 보세요. 아이들이 수업시간에 수업을 듣는 자세가 어떻던가요? 모두가 수업시간에 집중하여 선생님 말씀을 듣고 있나요?"

"아니죠, 엎드려 있는 아이들이 너무 많다는 기사들을 봤습니다.

실은 우리 아들의 이야기를 들어도 반 이상이 그렇다고 하더라고요."

"그런 환경을 말하는 겁니다. 그 아이들도 지금 배워야 할 것들이 많은 시기에 있는데도 그걸 알면서도 놓치고 있는 거지요."

"그럼 놓친 내용은 가져올 수 없나요? 못 가져온다면 시간이 지나면서 속상하잖아요."

"이렇게 시기를 놓쳐서 어려워하는 내용이 있다면 낭송 읽기 훈련을 통해 능력을 키우면 됩니다. 낭송은 시기에 맞게 배워야 할 지식들을 소리 내어 자신의 것으로 만들어 가는 방법으로, 스스로 내는 소리를 통해 지식과 정보를 자신의 뇌로 저장하는 방법이죠."

"다행이네요. 그럼 어떻게 놓친 부분을 가져올 수 있지요?"

"누구나 책을 읽거나, 또는 신문이나 매스컴의 정보들을 읽어야 하는 일이 종종 있습니다. 이럴 때 소리를 내서 읽다보면 스스로 알아들을 수 없다든지, 듣고 있는 자신도 본인의 소리가 듣기 편하지 않다면 머리에서 이해하고 입력하려 할 때 받아들이기가 쉽지 않다는 이야기입니다. 이에 반해 낭송은 알아듣기 편하고 스스로가 사고할 수 있는 방법으로 소리 내어 읽으면서 자신의 지식으로 가져가는 겁니다."

"그런 좋은 방법이 있는 걸 몰랐어요. 그럼 코치님 낭송을 많이 하면 잘 할 수 있나요?"

"낭송을 할 수 있는 능동적인 훈련은 짧은 기간에 해결할 수 있는 게 아니라 긴 시간 동안 훈련을 통해 습관화가 되어야 하는 신체적 운동이랍니다. 그래서 처음에 손기자님께서 직접 한다고 하실 때 쉽지 않다고 말한 겁니다. 또 편안한 목소리를 찾아서 낭송을 해야 오래 할 수 있어 효과도 낼 수 있습니다. 어떻습니까? 한번 해볼 용기가 생기시나요?"

"그럼요, 배우려면 제대로 한번 해봐야죠."

"역시 두 자녀를 둔 아빠는 다르시네요. 배우실 자격이 되십니다요."

"하하, 부끄럽습니다. 얼른 본론으로 들어가죠."

"낭송 훈련을 하다 보면 성격이 급한 친구들이 있습니다, 그런데 빨리 연습하면 빨리 될 것이라 생각하는 것은 착각이죠. 낭송 훈련은 지속적으로 연습을 해야 되지만 하루 종일 연습한다고 되는 것이 아니라, 소리를 내는 속 근육과 겉 근육을 서서히 키워야 하거든요. 헬스로 몸을 만드는 운동과도 같습니다. 시간이 아무리 없어도 단 시간에 몸을 만들 수 없습니다. 지속적으로 운동을 하다 보면 어느 날, 몸이 만들어져 가는 것을 볼 수 있는 것처럼 낭송하기 좋은 몸만들기도 마찬가지입니다"

"그렇군요. 저는 열심히만 하면 다 되는 줄 알았어요. 마음이 급

해도 천천히 따라해야겠습니다."

"먼저 자신의 편안한 음의 소리를 찾고 다음으로 그 소리를 유지할 수 있도록 전체적인 근육을 키워야 합니다. 그러기 위해서는 습득으로 몸이 길러져야 하고 장기적으로 습관이 되어야 합니다."

"그런데 목소리를 내는데 근육을 키워야 하는 이유가 뭘까요?"

"자신의 목소리를 찾아서 낭송을 한다는 것은 노래를 부를 때 음정 박자 리듬이 받쳐줘야 제대로 된 노래를 할 수 있는 것과 같습니다. 낭송도 호흡, 발성, 발음으로 구성된 3가지 요소가 받쳐줘야 합니다. 이 때문에 자신이 기존에 가지고 있던 불편한 3가지 요소를 바로잡는 훈련을 통해 제대로 된 소리로 편안하게 낼 수 있는 거죠."

"그럼, 그냥 바로 배우면 되지 않나요?"

"기존에 가지고 있던 나쁜 습관을 제거하고 올바른 낭송의 습관을 만들기 위해서는 시간과 노력이 필요합니다. 그렇기 때문에 낭송은 아무리 급해도 단번에 해결할 수는 없죠. 그 동안 몸은 습관에 길들여진 근육으로 굳어져 있기 때문이지요."

"그럼 이미 굳어진 몸은 어떻게 하죠?"

"이를 개선하려면 여기에서 제시하는 훈련을 통해 올바른 소리를 내는 근육을 만들고 습관화 시키면 됩니다."

낭송을 위한 최적화된 몸짱 만들기

기자님, 히딩크 감독이라고 아시죠?"

"그럼요. 히딩크 감독님을 모르면 간첩이죠."

"그렇죠? 2002년 월드컵 4강의 역사를 만드셨던 분이죠. 히딩크 감독이 우리 축구 대표 팀을 만나서 했던 축구철학은 지배와 압박이라 말했다고 합니다. 90분 동안 이루어지는 경기 내내 상대편보다 경기를 먼저 주도해야 하고 흐름을 지배해야 한다고 말이죠. 공간과 시간의 흐름을 먼저 알아채고 체력과 스피드가 따라줘야 상대를 이길 수 있다는 말입니다. 히딩크 감독은 선수들에게 '운동장에서는 체력과 스피드가 앞서는 선수가 결국 이길 수밖에 없다'고 강조했습니다. 이렇게 기초체력을 키우는 것은 선수들의 기량을 보다 높이, 그리고 멀리 뛰게 하기 위한 시작이라는 말을 많이 했다는 것이죠."

"축구 선수면 전략이나 기술을 먼저 배워야 하는 것 아닐까요?. 그래야 상대를 이길 수 있는 거라 생각했는데, 아닌가 봅니다?"

"히딩크 감독은 기술도 중요하지만 운동선수는 기본 체력이 더 중요하다고 했다는 얘기지요. 기자님도 잘 생각해 보세요. 야구선수들이 새벽부터 기본 체력을 키우기 위해 훈련하는 모습을 많이 볼 수 있습니다. 기초체력이 중요한 것은 시합을 끝까지 주도할 수 있는 몸을 잡아 주기도 하고 지구력을 키워주기 때문이죠."

"그런데 운동선수와 공부하는 학생들이 연관이 있나요?"

"운동선수들에게 필요한 기본 체력은 공부하는 학생들에게도 필요합니다. 운동선수에게는 힘을 요구하는 지구력이 필요하다면 공부하는 학생들에게는 전문적인 지식을 자신의 것으로 만들기 위한 지구력이 필요하다는 얘기입니다. 운동선수나 공부하는 학생이나 시간을 들여 결과를 얻기 위해 노력하는 목적은 같다고 볼 수 있고 말이죠."

"그러네요, 운동선수도 긴 시간을 연습해야 된다는 얘기는 들은 것 같아요. 그런데 운동과 달리 공부는 지속적인 훈련이라는 말을 안 쓰던데요. 그냥 책을 열심히 보면 되잖습니까?"

"종목은 다르지요. 운동선수에게는 자신이 원하는 운동을 공부하는 학생들에게는 공부라는 종목이요. 그런데 이러한 종목들의 기본은 몸을 움직여야 한다는 공통점이 있습니다."

"그렇지요. 몸을 움직여야 하지요. 그런데 운동선수는 육체적인 몸을 움직이고, 공부는 뇌를 움직이는 것 아닌가요?"

"사람의 몸은 하나로 연결되어 있습니다. 그래서 몸을 움직이면 뇌가 움직이고, 몸은 뇌의 명령에 따라 움직이는 현상이 있습니다. 인터넷 중독에 있던 친구들에게 운동을 지속적으로 할 수 있게 했더니 뇌가 변하고 중독에서 벗어날 수 있었다고 합니다."

"그렇군요. 그런데 운동선수는 종목이 있어서 종목에 맞는 연습을 하는데 학생들은 공부를 하기 위해 딱히 하는 운동이 없잖아요?"

"학생들도 할 수 있는 운동들은 많이 있습니다. 농구, 축구, 배드민턴 등 단지 시간이 없다는 핑계로 못하고 있는 것 뿐이죠. 그런데 그런 운동보다는 기본 몸의 균형을 만들면서 체력을 키울 수 있는 운동이 있습니다."

"그게 뭔데요?"
"제일 손쉽게 접근할 수 있는 몸동작인 걷기입니다."

"걷기요. 저는 걷는 것보다는 달리는 것이 좋던데요. 달리기는 안 되나요?"

"달리기도 할 수 있겠지만 자세가 바로 되지 않고 달리기만 하면 몸에 불균형이 생길 수 있습니다. 달리기를 하더라도 기본자세를 갖추고 하면 좋다는 말도 됩니다."

"그럼 기본자세 때문에 걷기를 하는 건가요?"

"아니요, 아이들에게 올바른 걷기는 여러 부분에 영향을 가져올 수 있습니다. 성장기 아이들에게는 키에 영향을 줄 수 있고, 오래 앉아서 학습해야 할 때 척추를 보완하는 근육을 키우는 과정이지요. 안짱다리로 걷거나 팔자다리로 걷게 되면 먼저 척추가 바르지 못하고, 호흡도 원활하게 안과 밖으로 연결해 주지 못하거든요. 또한 척추가 바르지 못하면 목소리 또한 자신이 듣기에도 부자연스러운 목소리가 나올 수 있습니다."

"왜요? 목소리는 목에서 나오는데 자세하고 무슨 상관에 있을까요?"

"걷기가 잘못되면 소리가 나오는 흐름도 잘못 되어 전신을 움직일 수 없게 됩니다. 그렇게 되면 호흡과 자세를 잡아서 원활하게 소리를 낼 수 있는 발성훈련을 제대로 해 낼 수 없게 되지요. 따라서 오감을 움직여 읽어야 하는 낭송은 몸을 바로 서 있게 만드는 것이 먼저 되어야 합니다."

낭송을 위한 기본자세

"낭송 훈련을 위해서는 호흡과 소리가 하나로 연결되어 있어야 합니다. 왜냐하면 공기가 안과 밖으로 원활하게 소통되어야 하기 때문이죠. 몸을 벽에 기대고 서서 자신의 몸이 바로 서 있는지 확인하고 그렇지 않다면 바르게 서는 연습을 해야 됩니다. 어깨에 힘은 들어갔는지, 다리는 11자의 모양으로 서있는지, 아랫배에 힘은 있는지 자세를 확인하고 하면 됩니다. 이렇게 서있는 기본자세로 10분을 유지하는 훈련이 필요한데, 기자님도 한 번 해보실까요?"

"네, 얘기를 들어서는 잘 모르겠어요."

"먼저 설명을 하고 나서 본격적으로 실습하려고 합니다. 너무 걱정 안 하셔도 됩니다. 보통 아이들은 정지된 상태에서 긴 시간을 머물러 있지 못합니다. 몸의 기본자세는 고정된 자세로 서있기를 오래 할 수 있도록 훈련이 되어 있는데 말입니다. 힘들어도 참고 이겨낸 훈련은 앉아 읽을 때 더욱 수월하게 할 수 있으니까 서 있을 때 제대로 하는 연습이 필요합니다.

이러한 훈련들은 낭송 읽기 훈련을 할 때 필요한 지구력과 인내력, 그리고 집중력을 함께 향상 시킬 수 있다는 장점이 있다는 걸 기대하고 시작했으면 합니다."

계속할 수 있는 힘

"기자님 자기주도학습의 뜻이 무엇인지 아시나요?

"혼자서 스스로 공부하는 것 아닌가요? 우리 아이들이 제발 해주기를 바라는 그런 공부 말입니다."

"기자님께서는 자기주도학습의 정의를 잘못 알고 계셨네요. 혼자서 할 수 있는 것은 독학이죠. 자기주도학습은 학습을 원하는 아이가 스스로 학습목표를 설정하고 스스로 학습환경을 조성하여 학습과정을 자발적으로 이끌어 나가서 학습목표에 대한 결과를 자신이 평가하는 과정입니다."

"그게 그거 아닌가요? 스스로 혼자 하고….."

"그러니 많은 분들이 오해를 하시는 겁니다. 아이가 스스로 그렇게 할 수 있을 때까지는 누군가 도움을 주어야 한다는 핵심이 있어야 합니다. 절대로 자기주도학습은 독학이 아니라는 것이죠.

진수가 성적을 낼 수 있었던 것은 낭송 읽기라는 공부도구도 있었지만, 부모님이나 부모님을 도와 드린 낭송 읽기 코치가 없었다면 절대로 할 수 없는 것이었죠.

"그렇군요. 아, 부모가 이렇게 모르니 아이들이 고생이죠."

"갑자기 자책을 하시기는…. 그래도 이렇게 배우시려는 아빠는 드물어요."

"그런데 코치님, 그 낭송? 처음 들어보는데…, 말을 듣다보니 정말 궁금하네요? 자세하게 설명해 주세요."

"그러지요. 쉽게 설명하자면 낭송이란? 큰 소리로 책을 읽어서 뇌를 움직이는 것입니다. 그리고 읽은 내용을 기억 저장창고에 넣으며 알고 있는 것인지 모르고 있는 것인지를 확인하고 모르는 것은 다시 반복해서 읽는 과정입니다. 그러다 보면 신기하게 외워집니다."

"읽기만 했는데 외워진다구요? 더 자세하게 설명해 주세요."

"낭송은 사전적 의미로 소리를 내서 읽어 외우는 과정입니다. 그래서 교과서든 참고서든 자신이 필요한 지식을 외워서 자기 것으로 만드는 것이죠. 그러면 그게 배경지식으로 어휘력이 쌓게 됩니다. 그렇게 외우고 나면 문제를 풀 때도 술술 풀리게 되고요."

"그럼 공부가 힘들지는 않겠네요?"

"그렇죠. 공부란 것이 알면 알수록 재미가 드는 것 아닌가요? 그래서 공부를 하면 할수록 하고 싶다는 말이 나오는 거죠. 진수도 처음에는 그렇게도 싫어하더니 시간이 지나면서 욕심을 내더란 말입니다."

"공부에 흥미가 없던 아이가 어떻게 흥미를 갖게 되는지 다른 방법은 없나요?"

"부모님들이 좋아하시는 지속력을 향상시키는 방법이 있습니다. 다른 말로 집중력과 인내력이죠."

"그렇게 끝내주는 집중력과 인내력이 키워진다구요? 와! 이건 반가운 말인데요."

"스스로 계속할 수 있는 힘은 계획표를 사용하는 것입니다. 일요일 저녁에 주간 계획표를 세우고 매일 저녁마다 계획표를 체크하고 다음날 해야 할 것이 무엇인가 확인하는 거죠."

"스스로 계획을 세우고 계획표대로 계속 할 수 있단 말입니까?"

"아니요, 그건 처음에 혼자 할 수 없어요. 그래서 엄마나 아빠에게 부탁해야죠. 했는지 안 했는지 상황만 점검해 달라고 말입니다. 그리고 그걸 달력에 표시하면 됩니다. 그러다 보면 온 가족이 알게 되고……. 안 할 수가 없게 되죠. 지속적으로 하다 보면 몸에 익숙해지고 그렇게 하다 보면 습관이 되는 것이지요."

"생각보다 많은 노력을 해야 하는군요."

"꼭 그렇지는 않습니다. 처음에만 번거롭지, 하다 보면 몸에 익숙해져서 편하게 됩니다."

"그걸 어떻게 계속할 수 있는지 무슨 비결이 있나요?"

"있죠, 그걸 외적 동기라고 합니다. 달력에다 약속하는 이유가 그겁니다. 약속을 하고 나면 책임감 때문에 정말 열심히 하게 됩니다. 마치 다이어트에 성공하려면 주위에 먼저 알리라고 하는 것과 같습니다. 그래야 자극이 돼서 성공할 확률이 높아지는 거죠."

"신기합니다. 읽기만 하는데 아이가 변하고 성적이 오른다는 게…."

"아이가 공부하려고 했을 때 지속적으로 할 수 있는 힘은 내적 동기와 외적 동기가 있습니다. 아이들에게는 이 두 가지를 모두 사용하면 성공할 수 있습니다. 동기는 자신이 원하는 욕구에 행동이 뒷받침이 되어야 비로소 빛을 발하는 거죠."

"그렇군요."

"기자님이 만나신 진수는 성적을 올리고 싶은 욕구와 자기 스스로 해내고 싶다는 움직임이 몸에 가득해 있었습니다. 그런 진수를 보면서 분명히 해 낼 것이라 생각을 했구요. 진수가 키워낸 지구력과 공부의 능력은 진수에게 큰 자산이며 인생의 밑거름이 될 것입니다. 계획표는 이러한 내적 욕구와 외적 욕구를 모두 함께 이룰 수 있는 방법인 거죠. "

비상하는 힘

"진수의 성적표를 봤는데, 성적이 엄청 올랐던데요?"

"네, 저도 들었습니다. 반에서 28등이던 성적이 2등이라는 한 자리수로 변했다고 하더군요. 덕분에 성적 우수상에 노력상까지 받았다고 자랑을 했죠. 그리고 상장을 받은 만큼보다 몇 배로 자신이 해낸 것에 대해 자신감이 생겨서 기쁘다는 말까지 하더군요."

"단지 낭송 읽기를 했는데 성적이 그렇게 올랐다고요?"

"네, 당근이죠."

"다른 방법은 안 하고 말입니까?"

"좀 전에 말씀드렸던 계획표에 의한 방법은 계속하구요. 누적 복습이라는 추가적인 학습방법을 이용하도록 했습니다."

"코치님, 이런 방법이 진수에게 통했다면 성적 때문에 고민하는 다른 친구들에게도 통하지 않을까요? 우리 아이들도 말입니다. 얼른 진수에게 공부했던 자료와 방법을 알려주셨으면 합니다."

"간단해요. '333R 학습법' 입니다. 공부해야 할 페이지를 3일 동안 읽는 것입니다. 매일 반복적으로 3일 동안 읽고 문제집도 3일 동안 풀고 처음부터 끝까지 3번 풀어 보는 것인데요. 2번은 노트에, 한번은 책에요. 낭송 수업에서는 그게 333학습 전략이죠."
(낭송 읽기 학습편 참고)

"조금 어려운데, 더 쉽게 설명해 줄 수 있으세요?"

"읽는 방법이 특이해요. 지금까지 읽던 방법과는 달라요. 낭송 읽기는 읽는 방법이 좀 다릅니다. 소리를 내서 배에 힘을 주고 복식호흡을 하며 읽어야 하죠."

"복식호흡을 해서 책을 읽는다고?"

"그렇습니다, 복식호흡으로 읽으면 이해가 잘되고 공부한 내용이 머리에 쏙쏙 들어갑니다. 또한 지속적으로 읽다 보면 시간이 지나도 쉽게 잊어버리지 않게 되죠."

"힘들지 않을까요?"

"처음에는 힘들겠지요. 그래서 부모님의 도움이 필요합니다."

"아, 그래서 진수가 어머니께서 체크로 확인하셨다고 했군요."

"진수 어머님도 고생하셨을 겁니다. 매일 지속적으로 빠지지 않고 한다는 것이 쉽지는 않으셨을 거예요."

진수는 낭송을 통해 뇌의 기억장치를 움직였다. 자신이 알고 있는 것과 모르는 것을 분리해서 모르는 것을 여러 번 반복하여 자신의 지식 저장 창고에 넣었던 것이며 부모님께 성적향상이라는 기쁨을 드리고 싶은 외적 동기와 스스로에게 자존감을 선물하려는 내적 보상을 가지고 있었다.

낭송 읽기는 메타인지에서 필요한 학습법이다. 읽지 않고 눈으로 보는 가짜 앎을 극복할 수 있으며, 시험을 위한 총정리 학습으로 마무리를 할 수 있다.

진수는 이러한 방법을 매우 적절하게 활용한 것이다.

PART

3

낭송 읽기에
아이들 미래가 달렸다

낭송 읽기는 어릴수록 가족의 도움이 필수적이다.

아이의 자존감도 키우며

학업성취에도 큰 효과를 얻을 수 있다.

교과서 낭송 읽기로 성적을 잡다

아이들에게 읽기능력은 많은 부분을 차지한다. 그런데 읽기 방법을 제대로 알려주지 않은 것이 요즘 부모의 가장 큰 걱정거리로 드러난 것이다.

문식(가명)이는 방학 때 단기적으로 읽기 수업을 들었던 5학년 친구다. 6학년으로 올라가기에 앞서 뒤처진 공부를 위해 읽기 프로그램을 실행하였다. 문식이가 받은 5학년 2학기 성적은 국어 78, 수학 58, 사회 65, 과학 70으로 부모는 6학교 진학을 앞두고 걱정이 된다고 했다. 문식이의 성적을 보니 글을 읽고 해석하는 능력은 있지만 어휘력이나 분석력이 약한 것을 알 수 있었다.

문식이에게 8주차 프로그램을 통해 읽기 능력 훈련을 적용하였다.

〈문식이의 8주 프로그램〉

주차	기본과정	활동	과제
1주차	소리 만들기와 문장 읽기	동요 부르기로 소리를 잡고, 1음절에서 문장까지 발성을 잡고 읽기	배운 동요를 5번씩 불러보고, 국어사전으로 단어 읽기연습
2주차	초등 3학년 교과서 읽기	어휘력을 향상시키기 위한 읽기 연습	모르는 어휘 국어사전에서 찾아오기
3주차	초등 4학년 교과서 읽기	어휘력을 향상시키기 위한 읽기 연습	모르는 어휘 국어사전에서 찾아오기
4주차	초등 5학년 교과서 읽기	어휘력을 향상시키기 위한 읽기 연습	모르는 어휘 국어사전에서 찾아오기
5주차	수학, 사회, 과학 초등 중학년 교과서 읽기	개념파악하기	개념 노트정리하기
6주차	수학, 사회, 과학 초등 고학년 교과서 읽기	개념파악하기	개념 노트정리하기
7주차	6학년 1학기 국어전체범위 낭송 개념읽기	어휘력을 향상시키기 위한 읽기 연습	모르는 어휘 국어사전에서 찾아오기
8주차	6학년 수학, 사회, 과학 교과서 읽기	개념파악하기	개념 노트정리하기

짧은 기간이라 쉽지 않은 훈련이었지만 문식이는 훈련을 잘 받았다. 부모님의 도움도 크게 작용했다. 아이 스스로 할 수 있으면 좋겠지만 초등과정에서는 혼자 할 수 있는 능력에 한계가 있다. 부모의 도움을 받아서 읽기 능력의 향상을 이루는 것이 합리적이다.

문식이는 6학년 1학기 낭송 교과서 읽기는 예습을 위주로 낭송 읽기 코칭을 했으며, 방학이라는 장점을 이용해 하루에 3번씩 학습 시간을 분배해서 효율을 극대화 시킬 수 있었다.

문식이는 집으로 가서도 매일 부모님의 도움으로 낭송 읽기 연습을 꾸준하게 했다고 한다. 6학년 1학기 중간고사 성적이 모두 상승세로 올라섰다.

수능 준비도 낭송 읽기로 해결된다

유난히 사회탐구영역에서 성적이 나오지 않고 있다는 친구가 있었다. 수능을 앞 둔 학생이라 부담이 됐지만, 새로운 경험이라는 생각에 기대감도 있었다. 초등학생과 달리 말이 통해서 좋았고, 자신을 도와주려 해도 신경질부터 앞세우는 중학생들과 달리 수능을 앞둔 고등학생이라 시키는 대로 움직여 줘서 고마웠다.

사탐으로 시작한 낭송 읽기 학습은 5등급이었던 모의고사 성적을 6개월 만에 1등급으로 올려 주었다. 이후 공부에 자신감을 가진 아이는 영어와 수학에도 관심을 갖기 시작했다.

고등학생들은 모의고사가 3개월에 한 번씩 있다. 따라서 내신도 준비해야 하는 고충이 있다. 진주(가명)는 유달리 사탐에 대한 스트레스를 안고 있었다. 이해하고 암기를 하려고 하는데 도통 무슨 말인지 알 수가 없어서 힘들다고 했다. 수업 시간에 집중하고 노트정리를 열심히 하지만 그에 따른 실력향상이 뒷받침되지 못했다. 다행히 아이들 사이에서 노트정리만 잘하는 아이로 통할 정도로 노트정리는 잘하는 장점이 있었다.

진주의 문제점은 기본적인 어휘능력이 부족해서 나타나는 현상이다. 이런 친구는 교과서 낭송 읽기 예습 프로그램을 적용하면 수월하게 극복할 수 있다. 개념어가 많이 들어있는 사탐은 배경지식이 부족해서 그런 것이다.

"진주야, 수업 시간에 선생님의 말씀이 모두 이해가 되니?"

"아니요, 무슨 말씀을 하시는지 잘 모르겠어요. 그래서 노트정리를 하고 집에서 복습으로 하려고 했는데 그래도 무슨 말인지 이해가 잘 안됐어요."

"진주는 노트정리를 잘 하는 장점이 있어서 낭송 읽기만 잘 하면 걱정했던 상황이 해결될 수 있을 것 같은데…."

고등학생이라 그런지 진주는 성실하게 수업에 임했다.

"샘, 프로그램이 생각했던 것보다 별로 어렵지도 않고 순서대로 하면 돼서 편해요."

교과서 낭송 읽기로 학습을 도와주는 프로그램의 장점은 책상에 앉아서 바로 학습할 수 있다는 것이다.

〈진주의 6개월 프로그램〉

주차	기 본 과 정	활 동	과 제
1주차	소리 만들기와 문장읽기	동요 부르기로 소리를 잡고, 1음절에서 문장까지 발성을 잡고 읽기	배운 동요를 5번씩 불러보고, 국어사전으로 단어 읽기연습
2주차	사탐(1)교과서 어휘력 익히기	교과서에서 모르는 어휘 찾아내며 읽기	범위 정하고 하기
3주차	사탐(1)교과서 어휘력 익히기	교과서에서 모르는 어휘 찾아내며 읽기	범위 정하고 하기
4주차	사탐(1)교과서 어휘력 익히기	교과서에서 모르는 어휘 찾아내며 읽기	범위 정하고 하기
2개월	사탐(1)(2)(3)을 처음부터 다시 낭송으로 읽기	모르는 어휘 확인하며 읽기	모르는 어휘들 노트에 정리하기
3개월	사탐(1)(2)(3)을 처음부터 다시 낭송으로 읽기	교과서 개념정리를 위한 줄긋기 읽기	개념정리하기
4개월	사탐(1)(2)(3)을 처음부터 다시 낭송으로 읽기	줄긋기 한 부분을 확인하며 낭송으로 읽기	개념정리 보충하기
5개월	문제집 3권 풀기	문제집 3권을 입으로 풀기	문제집 3권을 입으로 풀기
6개월	문제집 3권 풀기	문제집 3권을 손으로 풀고 채점하기	문제집 3권을 손으로 풀고 채점하기

진주에게 적용한 프로그램은 예습에 집중한 프로그램이다. 고등학생의 내신관리는 학교 수업에서 중요한 부분을 차지하기 때문에 내신관리에 초점을 맞춘 것이다.

"샘, 수업이 들려요. 그리고 따로 암기를 안 해도 저절로 암기가 되었어요."

교과서 낭송 읽기 학습은 따로 암기하려 하지 않아도 읽으면서 저절로 암기가 되는 프로그램이다. 아이들에게 이해하고 암기하라는 말은 어려운 말이 아니다. 하지만 어휘나 개념을 모르는 아이들에게 이해하라는 말은 아이들을 더 힘들고 지치게 만든다.

진주처럼 공부하고자 하는 의욕이 있는 고등학생은 효과가 금방 나타난다. 갈등 없이 프로그램만 제시해 주면 된다. 물론 고등학생이라고 누구나 공부에 대한 의지가 있는 것은 아니기에 먼저 부모의 노력을 통해 공부에 대한 의지를 만들어 주는 것이 매우 중요하다

면접도 낭송 읽기로 합격했다

면접에서 중요한 것은 자신감 있는 말하기다. 생각이 아무리 일목요연하게 정리가 되어 있어도 입이 트이지 않으면 눈만 껌뻑거리거나 다리만 벅벅 긁다가 바로 탈락이 될 수밖에 없다.

요즈음은 특목고나 외고 자사고에서도 면접이 당락을 좌우한다고 하니 자신감 있게 말하는 것이 얼마나 중요한 능력인지 알아야 한다.

중3을 앞둔 영미(가명)는 자신이 원하는 외고에 꼭 들어가고 싶었다. 문제는 성적이 별로 좋지 않아서 걱정이었다. 2배수로 1차 선발을 하는 외고 입시 전형은 영미에게 중3인 1년 동안 더욱 분발해야 하는 동기부여로 작용했다. 일단 내신으로 1차만 통과하면 면접에서 승부를 걸어보자고 조언했다.

영미의 프로그램은 〈두 마리의 토끼를 잡자〉로 정하고 성적과 면접연습을 한 번에 잡을 수 있는 낭송 읽기로 학습을 시작했다.

매일 30분씩 5과목을 낭송했다. 첫 주에는 교과서를, 둘째 주에는 문제집을, 셋째 주에는 문제집의 문제 풀이까지 낭송 읽기를 시도했다. 아이의 말하기 실력은 향상이 되었으며 중간고사 공부를 따로 하지 않아도 문제풀이 수업을 듣는 능력이 향상되었다.

면접 준비는 주말에 부모님과 함께 진로를 탐색하고, 자신의 미래를 인생지도로 만들어 말하기 연습을 지속적으로 했다. 시간이 지나면서 인터넷이나 신문 등을 통해 자신의 진로에 맞는 직업을 탐색했고, 사회의 주된 이슈를 다뤄보면서 영미는 자신감을 갖기 시작했다. 어느덧 성적은 상위권으로 올라섰고, 마침내 자신감 넘치는 면접으로 자신이 원하는 고등학교에 진학했다.

영미는 자신이 원하는 훈련을 했기에 효과가 더욱 빨랐다. 어떠한 상황이든 본인이 원하지 않으면 변화되기는 쉽지 않다. 특히 면접은 자신을 표현하는 능력을 키워야 하기에 본인이 의지를 갖고 지속적인 훈련을 통해 몸으로 익혀야 한다. 이때 낭송 읽기가 중요한 이유는 여러 가지다.

첫째, 낭송 읽기 훈련은 면접에서 무의식적으로 말해야 하는 자신감을 키워준다. 또한 말할 때 무의식적으로 쓰는 "저, 음, 이제, 어~~" 등을 교정하고, 자신이 알게 모르게 친구들과 사용했던 은어들이나 줄임말 등을 사용하지 않는 습관을 키울 수 있다.

둘째, 낭송 읽기는 상대의 말을 제대로 듣는 힘을 키워준다. 면접에서는 질문하는 말을 제대로 듣는 것이 매우 중요하다. 낭송 읽기는 질문하는 의도를 파악하면서 정리하고 요약해서 답변하는 실력을 키워준다.

셋째, 낭송 읽기는 면접 자세를 바로 잡아 준다. 아이들은 자신이 어떤 행동을 하는지 모르고 몸을 움직이는 경우가 많다. 다리를 떤다든지, 면접관을 보지 않고 다른 곳을 보며 말한다든지, 다리를 꼬고 앉는 자세를 수정하는데 낭송 읽기 훈련은 기본자세를 잡아 줄 수 있어서 큰 보탬을 준다.

영미는 교과서와 문제집 낭송 읽기를 코칭 받으며 이런 훈련을 해나갔다. 면접의 대답 요령은 문제를 제시하고 그에 맞는 대답을 본문에서 찾아 낭송 읽기로 설명하는 과정으로 훈련했다. 낭송 읽기로 어떠한 질문에도 대답할 수 있는 능력을 키워간 것이다.

게임 중독도 읽기 수업으로
우등생이 되었다

게임중독은 공부에 흥미를 잃은 아이들이 게임에서 흥미를 찾으면서 발생한다. 공부는 하기 싫고 딱히 다른 무엇인가 할 일이 없을 때에 눈에 잘 띄고 손에 잡히기 쉬운 게임으로 빠져드는 것이다.

게임 마니아인 민수(가명)는 밥은 안 먹어도 게임은 해야 한다는 친구다. 저학년 때 시작했던 게임이 지금은 만 랩을 지켜야 하고, 아이템을 팔아서 더 세고 더 큰 아이템으로 업그레이드 시켜야 한다고 했다. 아이가 밥도 컴퓨터 앞에서 먹고 움직이는 행동도 거의 없이 컴퓨터 앞에서 시간을 보내니 부모에겐 정말 큰 걱정거리였다.

"키와 몸무게는 어떤가요?"

"완전 미달이지요. 그러다가 병이라도 걸릴까 봐 걱정이 돼요."

민수의 첫인상은 왜소했다. 머리는 길어서 어깨까지 내려와 있고 남자 아이로 보기 어려울 정도로 얼굴도 곱상하게 생겼다. 아이와 상담을 하면서 게임에 대해 많은 이야기를 나누고 게임이 주는 영향력에 대해 서로 알아보는 시간을 가졌다.

"게임의 뇌는 마약을 한 사람의 뇌와 같아, 그리고 알콜 중독에 걸린 사람의 뇌와 같기도 해."

아이에게 게임 중독에 걸린 사람의 뇌와 알콜 중독에 걸린 사람의 뇌 사진을 보여주니 놀란 기색이었다. 더 나아가 게임 뇌로서 일어날 사건이나 사고들을 보여주고 당분간은 게임에서 벗어나 보기를 권하였다. 아이도 나름 충격을 받았는지 쾌히 약속을 했다.

이런 민수에게 당장 게임을 그만 두고 공부를 하자는 말은 정말 고역스런 조치다. 공부하자는 말은 뒤로 하고 함께 교과서 낭송 읽기를 권했다. 혼자 읽게 하면 늘어지고 귀찮아하기 때문에 아이에게 코치로서 먼저 읽어주고, 아이가 그대로 따라 하도록 유도했다.

이때에 주의할 점은 너무 많은 양을 한꺼번에 하려고 하면 안된다. 모든 과목을 골고루 한 바닥씩만 규칙적으로 읽게 하는 것이 중요하다.

한 달을 그렇게 낭송 읽기만 하고 문제 풀이나 질문은 하지 않았다. 한 달이 지나자 어느 날 혼자서 낭송 읽기를 하게 된 민수는 책읽기에 편안한 음을 찾아서 스스로 책을 읽을 정도로 읽기능력이 향상되어 있었다.

이때 낭송 읽기를 시작했던 내용으로 다시 돌아와 읽었던 내용을 토대로 질문을 시작했다. 민수는 질문에 대해 대답하면서 자신도 놀랍다는 말을 하곤 했다.

게임중독에서 벗어나는 기간은 몸으로 익혀 습관으로 만들기까지 최소한 21일 정도가 필요하다. 여기에서 몸에 익힐 수 있는 시간까지 3번을 반복하면 그 기간은 더욱 짧아진다. 단 3번을 반복하는 동안 학습 범위는 같은 범위를 정해놓고 해야 한다.

낭송 읽기 프로그램의 교재인 교과서, 문제집은 먼저 손으로 풀지 않고 입으로만 푸는 방법을 반복적으로 하면 된다. 이런 방법은 게임으로 창의력이나 사고력 향상에 중점을 두고 있는 전두엽의 활성화에 도움을 준다.

전두엽 활성화에는 몸을 움직이는 방법이 제일 적당하다. 운동은 혼자서 하는 정적인 운동보다 여럿이 함께 하는 농구나 축구가 좋다.

민수는 시간이 지나면서 3번의 새로운 프로그램을 받았다. 중간고사와 기말고사라는 두 번의 시험을 치렀다. 기초적인 능력이 필요한 수학을 빼고는 상위권에 들어갈 만큼 성적이 향상 되었다. 그래서 방학을 이용해 기초를 다져야 하는 수학에 집중읽기를 시작했다.

민수는 게임중독에 쏟아 부었던 에너지가 공부하는 에너지로 옮겨간 대표적인 사례다. 게임에 몰두했던 시간만큼 공부에 시간을 투자했고, 게임만큼 배움의 즐거움이 크다는 것을 알고 더욱 빠른 변화를 보였다.

민수에게 처음부터 무조건 게임을 하지 말라고 강요하고 컴퓨터를 빼앗았다면 어떤 결과가 났을까? 낭송 읽기에 관심을 가진 부모라면 꼭 생각해 볼 문제다.

ADHD 증상을 극복한 낭송 읽기

　ADHD(주의력결핍장애)는 원인을 명확하게 알 수 없다고 한다. 하지만 이를 지켜보는 부모의 마음은 상상을 초월할 정도로 힘들다. 그저 개구쟁이라고 생각했던 아이가 유치원에 다니면서 친구들을 괴롭히고, 선생님의 호출을 받게 만드는 아이로 변했을 때 부모의 가슴은 철렁하기 일쑤다.

　정만(가명)이는 2학년으로 학교에서 수업을 제대로 할 수 없을 정도로 산만해서 선생님의 권유로 ADHD검사를 받고, 초기 증세라는 진단을 받았다. 소아정신과에서 약물을 받아먹기도 하는데 아이가 너무 우울해 하는 모습이 걱정이 된다며 어머니가 상담을 해왔다. 지금은 아이가 너무 힘들어 해서 다니던 병원의 의사 선생님과 상의를 해서 약을 먹는 것을 잠시 멈추고 있다며, 약 먹는 것을 보류하고 있는 동안 다른 방법으로 아이에게 도움을 줄 수 없을까 해서 상담소를 찾은 것이라고 했다.

아이와 수업을 하면서 다른 아이들보다 많이 활발하다는 것을 알았다. 아이와 작은 목표를 정하고 10분부터 시작해서 자리에 앉는 훈련을 시켰다. 단 큰 소리로 책을 읽는 교과서 낭송 읽기는 무조건 해야 한다는 조건을 달았다. 부모님께는 아이와 함께 매일 공원을 산책하는 것과 주말을 이용해 두 번 등산을 시켜달라고 부탁했다.

상담이나 대화로 습관을 변화시키기에 2학년은 너무 어리다. 이럴 때는 아이가 작은 과제를 달성하도록 유도하고, 부모가 도움을 주는 방법을 선택하는 것이 좋다. 정만이는 부모님의 노력이 많은 도움이 되었다. 주중에는 엄마가 함께 공원을 산책해 주었고, 주말에는 아빠가 산으로 데리고 다녔다.

운동량이 많은 아이에게 학교와 집, 그리고 학원을 전전하게 하면 아이는 답답함을 풀 곳이 없다. 학교는 한 명의 선생님이 여럿을 관리하기가 쉽지 않다. 운동량이 많은 아이는 혼이 날 수밖에 없고, 아이는 잠깐 혼나면 된다는 생각을 갖게 된다. 정만이는 유치원 때부터 운동량이 많은 관계로 집중할 수 없었고, 그런 이유로 선생님한테 혼도 많이 났지만, 그 순간만 넘기면 된다는 생각에 익숙해져 있었다. 그나마 아직 저학년이기에 빨리 고칠 수 있는 가능성이 많았다.

정만이에게 교과서 낭송 읽기와 동화책 낭송 읽기를 병행하였다. 집에서는 혼자 할 수 있는 훈련으로 하고, 여럿이 함께 움직이는 훈련장소로는 도서관을 찾았다. 요즘 도서관은 크게 소리 내서 읽을 수 있는 방이 갖춰져 있는 곳이 많다.

부모님에게는 매일 정만이에게 일어나고 있는 행동이나 계획들을 노트에 기록하게 했다. 부모님의 이런 노트 기록 훈련은 스스로 자녀를 양육하는 방식을 점검하면서 지속적으로 아이의 모습을 지켜보는 이중 효과를 얻을 수 있다. 또한 아이는 엄마가 적은 글을 보고 자신의 행동을 객관적으로 생각해 보게 만드는 기회를 제공하여 준다.

부모들은 자식 일이라면 힘들고 어려워도 발벗고 나선다. 정만이 아빠도 처음에는 어쩔 수 없이 아이를 위한 강제성이 있는 산행을 했지만, 시간이 지나면서 아이와 함께 하는 행복한 산행을 하게 되었다고 한다. 자신이 일에 매달려 아이에게 너무 소홀하지 않았나 하는 후회를 하며, 아이들에게 신경을 쓸 수 있는 기회를 얻을 수 있게 해줘서 감사하다는 말도 전해왔다.

부모의 관심과 사랑은 아이가 정서적으로 안정을 찾을 수 있게 해주었다. 아이는 시간이 지나면서 공부에 관심도 생겼고, 스스로 책을 가져와서 읽자고 하는 시간들이 늘어났다. 책을 읽는 시간도 점점 길어지면서 낭송 읽기에 적응하고 있었다. 처음에는 당황스럽고 어떻게 해야 할지 몰라서 암담했지만, 낭송 읽기를 통해 아이가 변해가자 가족은 힘들었던 시간들에서 벗어나 행복과 감사의 시간을 만나 살아가고 있다.

정만이는 나이가 어려서 표현력에 한정이 있다. 이런 친구들에겐 부정적인 단점을 말하기보다는 긍정적인 장점을 만들어 주는 피드백이 적절하다. 어쩌면 보이지 않는 내면의 상처들을 감추지 못해서 그렇게 행동으로 표현하는 것일 수 있다. 이때는 낭송 읽기를 통해 큰 소리로 말하면서 내면의 상처가 소리로 통해 표현되는 경험을 할 수 있다.

또한 어휘력의 부족이 자신의 의사표현을 힘들게 해서 그런 상황을 만들었다면 낭송 읽기로 어휘력 향상을 키울 수 있다. 어휘력 향상으로 의사소통도 원활하게 할 수 있으며, 학교에서 수업의 질도 높여 나갈 수 있다.

낭송 읽기는 나이가 어릴수록 가족들의 도움이 필수적이다. 가족의 도움이 있으면 아이는 자존감도 키우며 학업 성취에서도 큰 효과를 얻을 수 있다.

PART

4

낭송 읽기
그 기적의 이야기

낭송은 소리 내서 읽는 방법으로

자신의 몸과 마음을 모두 움직이는

역동적인 읽기 방법이다.

낭송 읽기란 무엇인가?

구슬이 서 말이라도 꿰어야 보배다. 지적능력이 필요한 아이들 주위에는 유익한 정보가 넘쳐나고 있다. 그러나 지식이 홍수처럼 넘쳐도 아이가 뇌라는 저장고에 입력하지 못한다면 소용이 없다.

21세기의 사회는 창의적 사고력을 갖춘 융합형 인재를 원하고 있다. 복합적인 분야를 연결해서 창의적인 발상을 끌어내는 능력을 갖춘 인재를 원하는 것이다.

정보화 사회는 문자해독이 절실하다. 사고능력 안에서 효율적으로 습득하고 그것을 자신의 배경지식에 적용해서 내 것으로 만들어야 한다.

낭송 읽기는 아이들이 최적의 정보 습득 능력을 키울 수 있도록 도와준다.

아이들이 책을 읽는 모습은 다양하다. 소리를 내며 읽는 아이, 중얼거리며 읽는 아이, 눈으로 읽는 아이, 무조건 빠르게만 읽는 아이 등등.

어느 방법이 효과적인지는 아이들마다 다르다.

낭송 읽기는 학습을 뒷받침하기 위한 전략적 책읽기 방법이다. 여기서 낭송은 소리 내서 읽는 방법으로 자신의 몸과 마음을 모두 움직이는 역동적인 읽기 방법이다.

국어사전에 따르면 낭독(朗讀)은 '글을 소리 내어 읽음'으로 설명한다. 즉 낭랑한 목소리로 타인이 들을 수 있도록 읽는 것을 말한다.

이와 연계된 읽기 방법인 낭송(朗誦)은 '크게 소리를 내어 글을 읽거나 외움'으로 설명한다. 즉 '소리 내어 읽어서 외우기까지 되어야 한다'는 말이다.

낭독은 여럿이 있을 때 타인에게 읽어주는 방법으로 같이 읽거나 한 사람이 여러 사람에게 읽어주는 방법으로 쓰이고 있다. 여기에서 말하는 낭송 읽기는 '자신이 혼자 읽고 자신에게 들려주는 읽기' 방법을 말한다.

낭송 읽기의 힘

낭독으로 읽어 주기만 했는데도 학습의 긍정적인 영향을 준 연구가 발표되었다. MBC문화방송에서 방영된 〈우리아이 뇌를 깨우는 101가지 비밀〉 낭독의 비밀 편이 그것이다. 낭독이 아이들의 뇌에 어떠한 영향을 주는지, 낭독과 묵독의 차이, 그리고 소리 내어 읽는 훈련인 낭독의 효과성에 대해서 실험결과를 보여준 것이다.

실험조건으로는 성적이 비슷한 학생들을 두 그룹으로 나눠 학생 수준에 맞는 처음 보는 책을 주고 일정 부분 꼼꼼히 읽도록 했다. 한 팀은 묵독, 다른 팀은 낭독을 하게 한 후 책의 내용을 물었다. 실험의 객관성을 위해 낭독 팀과 묵독팀을 교체하며 실시했다.

두 팀 모두 낭독을 하고 나서 테스트를 했을 경우에 평균점수가 더 높게 나옴으로써 낭송 읽기의 긍정적인 효과를 입증했다. 학생들 대부분이 눈으로 읽을 때는 빨리 읽을 수 있지만, 낭독으로 읽을 때는 훨씬 암기를 잘 했다. 낭독이 묵독보다 훨씬 효과적인 학습 방법임을 증명한 것이다.

낭송은 소리 내서 읽는 낭독에서 더 발전된 단계라고 보면 된다. 낭송 읽기는 자신에게 읽어주고 자신의 것으로 저장해서 필요할 때 사용하는 방법이다. 낭송은 낭독보다 더 많은 기억을 하게 한다.

낭송 읽기는 말하기, 듣기, 이해하기, 글짓기 등 언어교육에 중요한 분야이며 꼭 필요한 방법이다. 어떤 책을 읽어도 언어 교육이 뒷받침이 되어야 올바른 책읽기를 했다고 볼 수 있다. 낭송 읽기는 언어 교육의 기초를 잡아주는 큰 힘을 갖고 있다.

낭송 읽기는 글자에
생명력을 불러 일으킨다

낭송은 묵독보다 훨씬 두뇌활동을 왕성하게 하여 기억력과 집중력을 발달시키고, 학습을 오랫동안 지속하도록 정보를 저장해준다.

낭송 읽기는 읽는 사람의 눈과 입, 귀를 움직임과 동시에 우리 몸의 근육과 신경, 운동기관을 부드럽고 정확하게 움직여 신체에 반응하는 능력을 발달시킨다. 즉 생명력 있는 인간의 몸을 일깨우는 효과를 발휘하는 것이다.

낭독을 하면 좋은 것이 많다. 소리 내어 읽으므로 흥이 나고 즐거워지며 리듬에 따라 머리와 몸을 가볍게 흔드니까 신체 감각이 활성화된다. 또한 눈과 혀, 입술, 성대, 고막까지 자극하니 뇌가 저절로 살아난다. 가장 큰 장점은 시 · 청각을 결합한 공감각 덕분에 학습효과가 커진다는 것이다.

– 김보경의 '낭독은 인문학이다' 중에서

도호쿠대학교의 가와시마 류타 교수팀의 전두엽 기능 평가 실험결과에 따르면 낭독을 실시한 후 기억력이 20% 향상되었다고 한다. 낭독이 뇌를 워밍업 시켜 뇌가 평소보다 활발하게 능력을 발휘했다는 것이다. 낭독이 전두엽의 기능을 향상시키며 활성화시키고 있는 것을 과학적으로 입증한 것이다.

이러한 연구 결과는 아이들에게 문장을 읽어주면 상상력과 자신감, 표현력, 감성이 커진다는 것을 증명한다. 즉 낭송 읽기는 글자에 생명력을 불러 일으켜 그만큼 우리 몸에 더 오래 지속될 수 있게 한다는 말이다.

낭송 읽기를 하면 성인도 기억력과 집중력이 좋아지는 효과를 느낄 수 있다. 오감을 움직여서 책을 읽다 보면 신체의 모든 부분이 살아서 움직이고 감각은 생명력을 느낀다. 그러한 오감은 글 속에 생명력을 불러 일으켜 우리 몸 속에 생동감 넘치는 묘사를 그대로 전달해준다. 그렇게 기억된 지식이 오래 남아 학습 효과를 배가 시키는 것이다.

낭송 읽기는 내용의 맛을 살린다

책을 읽을 때 음절의 속도는 내용을 분석하고 의미파악을 하는데 지대한 영향을 준다.

고급 음식점에서 원하던 음식을 만났을 때에 사람들은 인증사진으로 SNS에 기록을 남기려고 한다. 눈으로 먼저 시각화 시키고 입으로 먹기 위해서다. 먹기도 후다닥 끝내지 않는다. 음식에는 무엇이 들어갔고 어떠한 맛이 있는지 천천히 음미하며 먹는다.

이러한 맛이 활자로 되어 있으면 책에서도 느낄 수 있다. 저자가 의도하는 글의 의미를 음식의 맛처럼 느끼며 읽어야 한다. 문장들을 스쳐지나가듯이 읽지 말고 소리 내어 읽다보면 내용을 이해할 수 있으며 활자에 생명력을 넣어 생동감을 불러일으킬 수 있다.

낭송 읽기는 전달하고자 하는 의미를 오감으로 느끼면서 읽을 수 있다. 성의 없이 밋밋하게 읽지 않고 감정을 살려서 마치 살아

있는 것처럼 동작을 만들며 읽게 한다.

레몬을 한 손에 들고 한 손으로 레몬을 으깬 다음 흐르는 레몬의 즙을 먹는다고 생각하며 책을 읽으면 입에 침이 고이는 것을 느낄 수 있다.

이처럼 낭송 읽기는 작품 속에 있는 내용들을 느껴가며 음식의 맛을 살리듯 글의 내용을 맛보듯이 생생하게 받아들이는 효과를 일으켜 준다.

낭송 읽기는
글자를 놓치지 않고 읽을 수 있다

낭송 읽기는 아무리 빨리 읽고 싶어도 쉽게 안 된다. 몸으로 읽기 때문이다. 입으로 읽으면 빨리 읽을 수는 있지만 내용을 이해하고 분석하며 읽기는 힘들다. 처음에는 천천히 가는 낭송 읽기는 느리게 가는 것 같다. 하지만 낭송 읽기를 몸에 익히면 이 방법이 더 빠르고 정확하다는 것을 알 수 있다.

눈으로 책을 읽으면 조사나 어려운 낱말들을 건너뛰고 읽는 아이들이 많다. 그러다 보니 말의 의미나 문장을 이해하지 못하고 그냥 넘어가거나 주위 사람들에게 묻는 경우가 있다.

하지만 낭송 읽기로 책을 읽다보면 자신이 빼먹고 읽는 단어가 무엇인지 알고, 문장의 시작부터 끝까지 정확하게 읽게 된다. 책을 읽을 때에는 읽고 싶은 글자들만 읽는 편독의 습관에서 벗어나 모든 문장을 골고루 다 읽는 낭송 읽기로 습관을 들여야 한다.

낭송 읽기는
자신의 뇌를 움직이게 한다

　낭송 읽기는 몸을 움직여야 해서 자신을 다스릴 수 있다. 자신이 스스로 의도적인 읽기행위를 할 수 있다.

　부모의 강요나 학교의 숙제 때문에 지시적 읽기를 해야 할 때 아이들은 묵독으로 읽는다. 다른 사람들이 보기에는 책을 읽는 것 같지만 실은 책을 읽은 것보다 '멍' 때리고 시간을 죽인 행위밖에 안 된다.

　낭송 읽기는 이런 죽여 버리는 시간을 없앨 수 있으며 스스로 자신의 몸을 움직여 독서를 해서 생동감을 느끼게 할 수 있다. 낭송 읽기로 책을 읽다보면 글자 하나하나 놓치지 않고 읽어 나갈 수 있으며 의도적으로라도 읽기에 더욱 세심한 노력을 기울일 수 있다.

　낭송 읽기는 글을 눈으로 보고 소리 내서 읽고, 귀로 들으며 머리로 생각하면서 이해하고 지식을 저장하는 학습방법이다. 알고자 하는 지식을 뇌로 움직여 알고 이해하는 과정이다. 시각과 청각, 그리고 생각을 이끌어 내는 방법이다.

> "낭독했을 때 1차 운동영역이 활성화되었다. 말하기 중추인 브로카 영역, 청각 영역이 묵독에 비해 뇌의 여러 영역을 더 많이 쓸 뿐 아니라, 특히 뇌 중에서 반복된 운동영역을 사용해서 기억을 상승시키는 여러 가지 메커니즘이 낭독할 때 일치가 되는 것을 보였다. 낭독은 이렇게 다양한 자극을 통해 몸의 경험으로 체득해서 기억한 것을 굉장히 오래 갖고 가게 한다."
> – 가천의대 뇌과학연구소 김영보 교수

낭송 읽기는 시각과 청각은 물론 입운동 등에 많은 자극을 주면서 뇌를 쉽게 활성화 시킨다. 문자를 보기 위해 눈을 움직이고, 소리를 내기 위해 입과 입술, 혀, 성대까지 운동을 하게 한다. 입이 낸 소리를 듣기 위해 고막의 청각운동까지 움직이게 해서 전체적으로 뇌의 활성화에 큰 영향을 끼치는 것이다.

기억은 운동이다. 중학교 때 시험 본 것은 다 잊어버려도 탁구나 수영 같은 신체 체험을 통해 배운 운동은 평생 잊지 못하는 경험이 있을 것이다. 이것은 몸의 경험으로 체득해서 기억한 것은 굉장히 오래 간다는 것을 증명한다.

낭송 읽기는 뇌의 여러 영역을 쓸 뿐 아니라 특히 뇌 중에서 반복된 운동영역을 사용한다. 기억을 상승시키는 여러 가지 메커니즘이 낭독할 때 기억이 잘되는 이유와 일치하는 것이다. 뇌로 전달되는 정보는 운동과 감각을 통해 습득할 때 더 오래 간다는 것을 증명하는 것이다.

낭송 읽기는 자신감을 키울 수 있다

스스로 몸과 마음을 움직여서 낭송 읽기를 하면 스스로 알아가는 지식을 인지하면서 자신감이 형성된다. 자신이 알고 있는 지식을 통해 학교생활에도 큰 변화를 가져온다. 자존감이 생기면서 친구관계를 개선할 수 있으며, 말하기를 주저했던 버릇에서 벗어나 적극적으로 말하기에 참여하는 자신감을 가질 수 있다.

발표하거나 다른 사람과 이야기를 나눌 때 기어들어가는 소리로 말하는 사람이 있다. 목소리가 작아서 큰 소리를 내지 못하는 친구들도 있다. 이 또한 낭송 읽기를 통하여 해결할 수 있다. 낭송은 소리를 크게 낼 수 있는 훈련을 시켜주며 말할 때 불안감에서 벗어나는 힘을 제공한다.

자신감을 찾는 방법에는 여러 가지가 있지만 제일 쉽고 편한 것이 낭송이다. 자신감에 관련된 책을 낭송으로 읽는다면 자신감의 의미도 알고 표현력도 키울 수 있어 더욱 좋다.

> "우리 세대의 가장 위대한 발견은 태도를 바꾸면 인생도 바꿀
> 수 있다는 것을 알게 된 것이다."
> – 미국 심리학자 윌리엄 제임스

낭송은 매일 자신이 읽어내는 소리를 통해 스스로를 인식하고 변화를 추구할 수 있으며, 습관화된 소리 훈련으로 배짱이 두둑한 성격으로 바꿔서 궁극적으로 자신의 인생도 자신이 원하는 대로 바꿀 수 있다는 것을 알게 한다.

자신감은 누가 준다고 해서 얻어지는 것이 아니다. 동기부여가 되어야 무슨 일을 할 수 있다. 동기부여 또한 타인이 준다고 되는 아니라 스스로 작은 일부터 해나가며 느끼는 성취감 속에서 자신에게 맞는 것을 찾아야 한다.

"너는 잘 할 수 있고 해낼 거야."

다른 사람이 아무리 이렇게 말해도 자신이 이런 말의 의미를 받아들여야 동기가 부여되는 것이다.

낭송 읽기는 몸으로 익히는 것이라 아이가 스스로 성취감을 맛보고, 그 성취감으로 '나도 할 수 있어.'라는 자신감을 갖게 한다.

낭송 읽기는 리더십을 키워준다

리더십은 표현이 되어야 생긴다. 사람이 자신을 표현할 수 있는 방법에는 언어적 표현과 비언어적 표현이 있다. 리더십은 언어적 표현과 비언어적 표현을 모두 잡은 아이에게 나타난다. 말뿐만 아니라 목소리로 표현되는 전달력이 중요하기 때문이다. 아무리 지식이나 지도력이 있다고 해도 제대로 표현되지 못하면 상대방은 코웃음을 치고 말 것이다.

어떤 사람이 외모나 성적이 뛰어나서 모두 호감을 갔고 리더로 뽑자고 의견을 모았다고 해보자. 그 사람이 자신을 소개하는 시간에, 말할 때 가냘픈 목소리가 나온다거나, 앞사람도 제대로 들을 수 없는 소리로 말한다면 어떻게 될까?

이렇게 가냘픈 목소리나 작은 목소리를 내는 친구들은 낭송 읽기로 자신감 넘치는 목소리를 만들어야 한다. 리더로 갖추어야 하는 지식은 독서를 통해 얻고, 낭송을 통해 목소리를 만들어 가면

리더로서 훌륭한 자격을 갖추게 되는 것이다.

또한 리더는 자신감 넘치는 목소리뿐만 아니라 어떠한 문제가 발생했을 때 책임을 갖고 상황에 맞는 선택을 해야 한다. 이럴 때 주도적인 삶을 살았던 친구만이 거침없이 추진력을 발휘할 수 있다.

낭송 읽기를 통해 자신감을 갖춘 아이가 결국 리더로서 자격도 갖추게 된다는 말이다. 따라서 낭송 읽기는 리더십을 키우는데 아주 적합한 학습방법이다.

PART 5

아이들 책읽기
어떻게 하고 계신가요?

묵독으로 읽기(몸으로 읽기)

낭송으로 읽기(머리로 읽기)

암송하기(입으로 읽기)

낭송 읽기에 관심을 갖자

낭송 읽기는 문장을 읽는 것으로 만족하지 않고 자신의 능력을 키워가는 읽기 방법이다. 음악적인 읽기 능력과 함께 능동적으로 움직일 수 있다.

선조들은 천자문부터 소학, 대학, 논어, 맹자까지 리듬을 타고 읽으면서 모두 외웠다. 우리의 몸에는 음악을 들으면 몸이 리듬을 타서 자연스럽게 움직이듯이 암기능력도 자연스럽게 향상되는 능력이 잠재되어 있다.

아이들이 말할 때나 책을 읽을 때 더듬거나 힘들어 한다면 읽기 능력에 문제가 있는 것이다. 부모의 관심이 필요하다. 이런 문제는 이후에 공부했을 때 학습결핍으로 결과가 나타난다.

읽기 능력의 문제가 발생했다면 아이를 다그치거나 혼내지 말고 낭송 읽기를 통한 훈련으로 해결하도록 해야 한다. 올바른 트레이닝 방법으로 읽기 능력을 향상시킬 수 있다.

요즘 같은 환경에서 책읽기를 지도하기는 쉽지 않다. 스마트폰에만 집중하는 아이들이 증가하면서 그만큼 글을 똑바로 읽거나 읽었던 내용을 이해하는 능력이 떨어지는 아이도 많아지고 있다. 이것은 학년이 올라갈수록 학습의 이해도가 떨어지게 하고, 아이 스스로 학업에 흥미를 잃게 되면서 학습 부진아로 떨어지게 한다.

읽기를 원활하게 하지 못하면 읽기문제를 빠르게 개선할 수 있도록 도와주어야 아이의 학업이 순조롭게 된다.

책읽기와 학습을 하나로 보자

"시험이 낼 모레인데 지금 한가하게 책 보고 있을 시간이 어디 있니?"

공부를 잘하는 친구들은 독서를 해도 부모가 칭찬해 주고 지속적인 독서 실력을 키우기 위해 노력한다. 하지만 학업이 뒤쳐진 아이를 보면 부모들이 책읽기보다는 당장 학과목에 집중하기를 강요하는 경우가 많다.

아이가 학업을 힘들어해서 보충학습이 필요하다면 학습과 관련된 책을 구해서 아이가 읽게 하거나, 교과서로 읽기 능력을 키우면 된다. 보충교재를 원한다면 교과학습을 전문적으로 다루어 놓은 전과나 참고서를 반복적으로 읽게 하면 큰 효과를 볼 수 있다.

부모들은 책읽기와 학습을 분리시키는 경향이 있다. 그러다 보니 책읽기를 가르치면서 교과서와 분리해서, 독서교육이라는 또 다른 사교육으로 해결하려고 아이들을 학원으로 내몬다.

하지만 교과서를 통한 독서활동이 얼마나 중요한가를 알아야 한다. 교과서로 독서를 하다 보면 학업성취는 물론이고 창의적 사고력도, 논리적 사고력도 함께 향상되는 일석이조의 효과를 얻을 수 있다.

교과서 낭송 읽기가 독서지도는 물론 학업성취에 중요한 학습법이라는 것에 관심을 가져야 한다.

책읽기는 아이의 수준에
맞게 시작해야 한다

독서는 학생이라면 반드시 해야 한다. 따라서 부모가 도와주면서 서서히 스스로 할 수 있도록 조력자의 역할을 해야 한다.

아이는 어렸을 때 부모의 도움을 받아야 올바로 성장할 수 있다. 그래야 나이를 먹었을 때 부모의 도움 없이 스스로 자신의 일을 찾아갈 수 있다. 따라서 부모는 아이가 어렸을 때는 최대한 조력자의 역할을 해야 하고, 나이를 먹어갈수록 점차적으로 스스로 자신의 일을 해결해 나가는 능력을 키워줘야 한다.

배움은 환경적인 요인에 영향을 받는 배움과 인지적인 사고에 영향을 받는 사고하는 능력을 함양하는 배움이 있다. 부모가 모범을 보이는 것은 아이에게 환경적인 영향을 주는 배움을 주는 것이고, 아이가 사고하는 능력을 키워주는 것은 독서를 통한 인지적인 배움을 주는 것이다. 따라서 인지적인 배움은 책을 통해 자신의 것으로 만들어 가도록 도움을 줘야 한다. 책을 통해 다양한 삶을 살았을 선인들의 삶을 배우며, 자신이 어떻게 살아야 현명한 삶을 영위할 수 있는지 스스로 알고 깨달아가게 해야 한다.

독서는 인간이 살아가는데 필요한 인지적인 배움의 보물창고다. 삶의 안목을 넓혀가는 사고의 확장과 자유로운 삶의 향유는 자신이 어디까지 알고 있는가가 중요하다. 독서는 이러한 삶의 지혜를 얻을 수 있게 한다. 따라서 우리는 독서를 어떻게 효율적으로 해야 하는지 알고, 그렇게 안 것을 몸으로 체화시키기 위한 훈련의 과정이 필요하다는 것을 알아야 한다.

독서는 무조건 읽으면 된다는 식으로 덤벼들 것이 아니라 전략과 전술을 이용해서 좀 더 효율적으로 접근해야 한다. 아이가 순조롭게 책과 만나고, 읽고 표현하는 실력까지 순차적으로 갖추었다면 모르지만, 그러한 아이를 만나는 것은 정말 힘든 일이다. 그럼에도 불구하고 많은 부모들은 독서를 너무 쉽게 생각해서 속수무책으로 지켜보고는 아이가 학교에 들어간 다음에야 독서의 필요성을 인식하고 급하게 서두르는 모습을 보이곤 한다.

현명한 부모라면 아이가 가지고 있는 환경적인 요인과 인지적인 요인에서 오는 배경지식에 따라 독서를 받아들이는 지적 수준이 다르다는 것을 알고, 아이의 현재 수준을 파악하는 것이 매우 중요하다.

아이에게 책을 권했는데, 아이가 책을 읽을 때 한 페이지에서 3개 이상의 어휘를 모른다면 단계별 독서를 염두에 두어야 한다.

보통 책을 읽을 때 앞 뒤 문장을 유추하며 내용을 파악하도록 권장하지만 그러면 전체적인 흐름이 막힐 수가 있다. 또한 해독능력이 떨어져 재미없고 따분하고 답답한 마음을 갖게 해서 책읽기를 멀리하게 만들 수 있다.

이런 아이에겐 수준을 고려해서 장르별로 자신이 좋아하는 책을 아래 단계부터 천천히 올라가듯이 읽도록 배려해야 한다.

한 우물을 파는
책읽기 전략이 필요하다

독서지도를 할 때 일률적으로 모두 같은 방향으로 흘러가게 하는 방법은 효율적이지 못하다. 실력이 있고 학업성적이 우수한 친구에게는 심화학습으로 하나의 분야를 깊이 있게 파고드는 학문적인 독서방법을 권해야 한다.

초등학교 5학년인 진호(가명)는 어려서부터 장난감을 가지고 노는 다른 아이들에 비해 늘 책을 옆에 끼고 다닐 만큼 책을 좋아한다. 누가 가르쳐주지 않았는데 스스로 한글도 터득하고, 자신이 알아서 책을 읽어 가는 아이다.

부모님은 너무 아이답지 않아서 걱정이라고 했다. 다른 아이들처럼 뛰어 놀지 않아서 걱정이라는 것이다.

필자는 부모에게 그런 진호를 더욱 적극적으로 지원을 아끼지 말고 도와주라고 말씀드렸다. 아이의 적성과 흥미를 알아보고 아이에게 맞는 책을 읽게 도움을 드렸다. 학교 도서관, 동네 도서관, 그리고 근처에 있는 대학 도서관으로 아이를 주말마다 데리고 다니면서 아이가 원하는 책을 읽게 하고 빌려다 주라고 말씀 드렸다. 진호가 10권의 책을 읽는다면 좋아하는 책은 6권 읽게 하고, 부모가 추천하는 책을 4권 읽도록 권하라고 했다.

그리고 진호에게는 얇은 책부터 여러 분야의 책을 골고루 봐야 한다고 조언을 해줬다. 진호는 그렇게 독서량을 늘려갔고, 실력을 점점 쌓아가면서 다양한 분야의 지식을 습득하면서 사고의 영역을 확장할 수 있었다.

진호는 계획적인 독서로 자신이 하고자 하는 분야의 영재교육원으로 들어갔다. 책에 흥미가 많은 친구들은 자신의 미래를 스스로 준비하는 과정도 많은 도움이 된다.

교과서 낭송 읽기로
내신을 대비하자

　낭송 읽기는 시간을 줄일 수 있으며 암기를 해서 자신의 것으로 체계화시킬 수 있다. 또한 있는 그대로 입력하기보다는 시간이 흐를수록 창의적인 사고의 전환을 가져오게 한다. 낭송 읽기를 하면서 배경지식이 결합되면서 읽기의 발산적 전환이 일어나는 것이다. 또한 낭송 읽기는 표현하지 않는 친구들에게 발전적인 인지능력을 키워준다. 스스로 읽고 말하고 듣고 하는 오감활용 독서법이다.

　낭송 읽기는 교과서를 교재로 사용하면 얻는 것이 많다. 학교 수업에 초점을 맞춘 학습법으로 학생에게 학업의 흥미는 물론이고 성적향상도 덤으로 얻게 해줄 수 있다.

　학생이 활동하는 무대는 학교다. 학교에서 시험을 통해 자신이 알고 있는지 모르고 있는지 스스로 확인할 때 성취욕구가 더욱 커진다. 지식의 내용은 학년이 올라가면서 심화된다. 내신 성적은 진학을 위해 성실하게 학업에 임하는 것으로 확실하게 잡아야 한다.

이때 낭송 읽기의 교재로 교과서를 선택해서 예습하고 복습하며 학교 수업에 충실하게 임하도록 하면 뛰어난 효과를 볼 수 있다.

공부의 힘에는 신체적 조건도 한 몫을 한다. 탁구를 하려고 기술을 배울 때도 긴 시간을 받쳐줄 체력이 필요하다. 때로는 코치의 도움을 받기도 하지만 혼자 기술을 터득하고 자신이 기록을 갱신해 나가야 한다. 어떻게 하면 좀 더 나은 기술을 발휘할 수 있는지 자신의 기량을 발휘하려 노력하고 질주하는 전략을 세워야 한다. 더러는 시합 전에 상대방 선수들이 전략을 알아내기 위해 노력하기도 한다. 하지만 아무리 기술이 뛰어나도 기본적인 체력이 바탕이 되지 않으면 뒷심이 부족해서 좋은 성과를 낼 수 없다.

아이들에게는 공부하는 방법이 전략이다. 낭송 읽기의 전략도 배워야 하지만 기본적으로 끝까지 해낼 수 있는 지구력을 키우는 것도 중요하다.

친구들과 경쟁을 하며 입시를 치러야 하는 아이들은 자신의 미래를 위해 현재 자신이 속한 학교에서 전략적으로 공부하는 아이가 되어야 한다. 그만큼 힘이야 들겠지만 자신만의 전략을 가지고 지구력을 발휘해야 스트레스도 덜 받고 좋은 성과를 낼 수 있다.

학생의 공부전략은 내신을 떠날 수 없다. 학생이라면 내신을 무시할 수 없는 학교현장을 고려해야 한다. 따라서 학생은 학교 수업에 초점을 맞춰야 한다.

'한 우물을 파라.'

매우 중요한 말이다. 여기저기 기웃거리지 말고 하나에 몰입하는 힘이 있어야 한다. 학교 선생님이 가르치는 학교 수업에 몰입하는 학습방법이 필요한 이유다. 교과서 낭송 읽기가 필요한 이유이기도 하다.

낭송의 전략 계단학습 매뉴얼

묵독으로 읽기 (몸으로 읽기)

낭송으로 읽기 (머리로 읽기)

암송하기 (입으로 읽기)

학습법을 배우겠다고 자발적으로 찾아오는 아이들은 거의 없다. 공부에 흥미가 없어 부모의 손에 끌려오는 경우가 대부분이다. 심지어 오만상을 찡그리며 반항하는 얼굴로 들어서는 경우도 있다. 이런 친구에게 공부하라고 말해봤자 소귀에 경 읽기다. 그 어떤 회유방법도 소용이 없다. 어떤 친구는 어떻게 해서라도 선생님의 눈 밖에 나서 선생님이 포기하기를 바라는 경우도 있다.

이런 친구들에게는 전략을 가지고 접근해야 한다. 처음 온 친구에게는 엉덩이를 붙이고 책상에 앉는 훈련부터 시키는 이유가 여기에 있다.

"한 시간 앉아 있으면 오늘은 보내 줄게."

이렇게 말하고 달래는 날이 여러 날이다. 이런 친구에게는 단순한 신체적 움직임부터 시작한다. 여러 가지를 요구하면 한 가지도 얻지 못한다. 우선 하나부터 천천히 시작하는 마음으로 접근해야 한다.

독자님들도 여기에서 제시하는 프로그램에 맞추어 천천히 하나부터 시작하길 당부 드린다. 욕심은 금물이다.

1. 묵독으로 읽기(몸으로 읽기)

중학교 2학년인 창수(가명)는 공부할 시기를 놓칠 위기에 처했다. 사춘기가 접어들면서 친구들과 어울리기 시작했고, 공부는 점점 더 멀어졌다. 부모는 아이가 우수한 성적이길 바라지는 않았지만, 그래도 공부를 포기하게 할 수는 없다는 마음으로 데리고 왔다. 이런 친구에게 첫날부터 공부를 시킨다는 것은 무리다. 아이에게 맞는 전략을 써야 한다.

"창수가 읽고 싶은 교과서를 가져와서 읽어보자"

학생이라면 누구나 공부를 잘하고 싶어 한다. 설령 하위권일지라도 학교에 다니는 친구들은 공부를 잘 해야 한다는 마음을 잠재적으로 가지고 있다.

그래서 교과서 낭송 읽기 학습방법을 적용했다. 오랜 시간 동안 청소년들을 만나면서 아이들을 도와주는 방법으로 선택한 것이다.

공부와 담을 쌓고 있던 친구들이 공부를 시작하고 3개월 정도가 지나면 교과서가 눈에 들어오고 내용이 정리가 되면서 달라지는 모습들을 볼 수 있었다. 교과서 낭송 학습법은 이러한 학생에게 만병통치약과도 같았다.

창수도 그런 친구들 중에 하나다. 가방을 뒤지며 꺼낸 책은 사회책이었다.

"공부하자."
"네 선생님 이제부터 제대로 공부해 보겠습니다."

이것은 어디까지나 꿈이다. 아이들은 결코 이렇게 순응적으로 대답하지 않는다. 엎어져 있고 누워 있고 바른 자세는 멀리 보내고, 어떻게든 선생님의 인내심을 시험에 들게 한다.

하지만 비록 강요에 의해서라도 어떻게든 공부하러 온 것만으로 감사하기에 지켜봐야 한다. 엎어져 있어도 한 시간 엉덩이를 붙이고 있다면 그 날의 목표는 달성할 것으로 보고 칭찬을 해줬다.

그렇게 며칠을 지켜보다 책상에 멍하니 앉아 있는 창수에게 책을 읽게 했다.

처음에는 매뉴얼에 따라 묵독으로 1단계인 어휘력 찾기를 시작했다. 수업이 끝나자 창수는 읽었다며 책을 내밀었다. 책을 보면 읽었는지 안 읽었는지 표시가 되어 있지 않다. 이럴 때 필요한 것이 모르는 어휘 색칠하기이다. 모르는 어휘를 색칠하고 노트에 옮겨 적게 했다.

묵독으로 읽는 아이를 지켜보면서 기다리고 또 기다렸다. 아이가 읽었다고 하면 확인할 방법이 없다. 따라서 그대로 믿어 주었다. 묵독의 답답함은 아이가 읽었다고 말하는데 어디까지 믿어주어야 할지 의문이 드는 것이다. 하지만 끝까지 믿어야 한다.

그렇게 일주일이 지나자 엎드려 있던 창수가 변하기 시작했다. 그동안 창수에게 사회를 비롯해서 국어, 영어, 과학을 묵독으로 어휘 찾기를 3번 반복하였다.

한 달을 그렇게 창수가 원하는 대로 기다려 줬다.

2. 낭송으로 읽기 (머리로 읽기)

한 달 후 교과서 낭송 읽기 2단계를 시작했다. 교과서를 소리 내서 읽어보라고 했다. 자신의 한 달 모습을 생각하며, 그러한 모습을 혼내지 않고 지켜봐 준 선생님에게 미안했던지 창수는 제대로 하기 시작했다. 이렇게 낭송이 시작됐다.

낭송은 말 그대로 소리 내어 읽기다. 소리를 내서 읽다 보면 아이는 몸을 움직이게 되고, 그러면서 역동적인 움직임이 신체 내부에서 일어나게 된다. 그런 시간이 지나고 나면 선생님의 요구 사항을 조금씩 들어 주기 시작한다.

2단계 수업이 한 달을 가면서 창수는 많이 밝아지고 공부에 자신감을 키웠다. 창수와 함께 읽으면서 낭송 훈련 편을 수시로 제시하며 공부를 했다.

이제 본격적인 교과서 낭송 읽기를 반복하면서 또 한 달을 지냈다. 반복적인 교과서 낭송은 창수에게 많은 변화를 안겨주었다.

그렇게 시간이 흐르고 시험을 치르고 결과를 기다리며 창수가 한 말이 기억에 남는다.

"샘! 문제가 풀려요. 답이 보여요. 저 시험 잘 본 것 같아요.
이 방법 정말 신기해요"

창수는 스스로 대견해 하면서 말하였다. 공부를 잘하는 친구들이야 이런 말을 이해하기 힘들겠지만 대부분의 아이들은 공감할 것이다. 성적도 많이 상승했다. 창수에게 해 준 것은 함께 교과서 낭송 읽기를 해줬을 뿐인데 창수는 많이 변해 있었다. 지금은 아이가 스스로 공부하려고 책상에 앉아 낭송을 하고 있다.

창수처럼 자신이 할 수 있다는 확신을 보여준다면 다시 처음으로 돌아가 습관을 잡는 훈련으로 들어가면 좋다.

낭송 읽기 훈련편을 처음으로 돌아가서 3개월 정도 시작하면 된다. 공부할 수 있는 환경을 조성해 주고 한 단계씩 밟아 가면 된다.

이러한 훈련은 신체적으로나 인지적으로 자신이 공부를 할 수 있다는 의지력과 공부능력을 키우는 습관을 만들어 준다.

3. 암송하기(입으로 읽기)

교과서 낭송 읽기를 하는 창수에게 3단계로 암송하기를 적극적으로 권하기 시작했다. 배운 내용을 가지고 부모님 앞이나 친구들에게 선생님이 되어 설명해 보는 공부법이다. 설명을 하다 보면 자신이 알고 있는지 모르고 있는지를 명확하게 알 수 있다.

낭송을 하지 않았던 친구들에게 암송을 하라고 하면 쑥스럽거나 자신감이 없어서 못한다고 한다. 하지만 낭송으로 훈련된 아이들은 거뜬히 해내는 모습들을 볼 수 있다.

교과서에 있는 개념으로 설명을 하거나 문제를 도출해서 설명을 해도 되고 단원에서 제시한 학습 목표를 통해서도 하면 된다.

이처럼 여러 가지 방법들을 적용해서 다른 사람에게 설명을 하다 보면 타인과의 소통에도 자신감이 생긴다.

교과서 낭송 읽기는 저절로 암기가 되어 머리에 남는 효과를 볼 수 있다. 여러 번의 반복적인 누적복습이 있기도 하지만 머리로 생각하며 의미를 알아가는 과정을 거치면서 뇌가 저절로 인식을 하게 된다.

교과서 낭송 읽기로 선행학습을 잡는다

선행학습을 부정적으로 보는 이들이 많다. 요즘 조기교육이 문제를 일으키면서 어린 아이들에게 능력에 부치는 고학년 학습을 시키기 때문이다. 이런 선행학습은 아이에게 공부를 어렵게 생각하게 만드는 부정적인 요소가 있는 것은 분명하다.

하지만 선행학습 자체가 나쁜 것은 아니다. 좋게 말하면 예습으로 공부하기 전에 미리 공부해서 선생님의 말을 좀더 이해하기 쉽게 접근하는 좋은 공부법이다.

중요한 것은 선행학습을 강요가 아닌 스스로 할 수 있게 만드는 것이다. 그러면 그 효과는 몇 배로 나타날 수 있다. 바로 예습의 효과를 누리는 것이다.

교과서 낭송 읽기는 행동으로 움직이는 것을 먼저 배우는 학습법이다. 눈으로 책을 읽는 것만으로 그치지 않고 온 몸을 움직여서 책을 읽는 방법, 그리고 자기 것으로 체화시키는 과정이다.

그 어떤 선행학습보다 효과가 좋다. 하지만 이렇게 할 수 있는 친구들은 많지 않다. 재미가 있어야 한다. 따라서 예습으로 선행학습을 잡는 방법을 접목한 것이 교과서 낭송 읽기인 것이다.

"교과서로 공부했어요."

수능에서 좋은 점수를 획득한 친구들이 교과서 위주로 공부했다고 말하는 이유도 여기에 있다. 교과서는 약으로 치면 만병통치약이다.

교과서 낭송 읽기는 교과서를 파고 또 파는 최고의 학습법이다. 누군가 먹여주는 선행을 하려고 하지 말고 스스로 먹을 수 있는 예습으로 여러 번 반복하면서 학기를 시작하면 손쉽게 수업에 임할 수 있다.

낭송 읽기로 수업시간에
선생님들과 소통하라

수업의 기본은 듣기와 말하기다. 교과서 낭송 읽기 학습은 수업에 임하는 자세부터 다르게 나타난다.

첫째는 무엇을 들을까 생각하고, 둘째는 노트필기를 하며, 셋째는 자세를 잡는다. 넷째는 입으로 말하며 듣는 방법이다.

선생님의 질문에 대답하고 선생님의 설명에 자신의 말로 답하는 대화학습이라 보면 된다.

교과서 낭송 읽기로 성적이 엄청 오른 중3 지창(가명)이가 있다. 수업시간에 거의 잠을 자는 친구였다. 이 친구에게 교과서 낭송 읽기를 알려주고 매일 피드백을 해주며 수업에 흥미를 갖게 했다. 그러던 어느 날 계속적으로 선생님의 말을 따라하며 수업을 듣는데 선생님이 떠드는 것으로 오해해 엄청 혼이 난 적도 있다고 했다.

"선생님께 이유를 설명하지 그랬어?"

"전 그게 좋았어요, 선생님이 저에게 관심을 가져 주신 것 같아서요."

지창이는 스스로가 대견스럽다고 했다. 늘 수업 시간에 잠만 자던 자신이 공부를 시작한 것만으로도 기분이 좋다고 했다.

교과서 낭송 읽기는 수업을 들어도 멍 때리거나 잠이 와서 제대로 들을 수 없는 친구들에게 좋은 방법이다. 물론 좋은 효과를 보기 위해서는 집중력과 지구력이 필요하다. 믿고 해보면 해 본 만큼 좋은 경험을 할 수 있다.

PART 6

교과서 낭송 읽기로
학습능력 키우기

교과서 낭송 읽기는 수업을 들어도

멍 때리거나 잠이 와서 제대로 들을 수 없는

친구들에게 좋은 방법이다.

낭송 읽기로 교과서를 잡자

"모든 방법을 사용했는데 우리 아이는 왜 안 되는 거죠?"

이유는 간단하다. 사용만 했기 때문이다. 몸이 알 수 있도록 습관화 되지 않았다는 말이다. 음식을 먹고도 냄새와 맛만 느끼고 영양은 섭취하지 못하고 지나갔기 때문이다. 그러다 보니 한 순간 추억으로만 흘러간 것이다.

"노래를 못하는 가수는 가르쳐서 고칠 수 있지만, 노래 부를 때 나쁜 버릇이 몸에 밴 가수는 고치기 어려워 뽑기 어렵다."

K-POP이라는 오디션 TV 프로그램에서 심사위원을 맡은 JYP 대표 박진영 씨가 한 말이다. 사람의 습관은 그만큼 바꾸기 어렵다는 뜻이다. 새로운 것을 받아들이려면 기존의 것을 비워야 한다. 그때 가장 어려운 것이 습관을 바꾸는 것이다. 잘못된 습관을 바꾸는 것은 새로운 습관을 들이는 것보다 몇 배의 노력이 필요

하다. 따라서 이런 시행착오를 겪지 않으려면 처음부터 제대로 된 바른 습관을 들이는 것이 필요하다.

초6학년인 채영(가명)이는 자세가 바르지 못한 버릇이 있다. 다리를 꼬고 앉아서 공부하다 보니 자신도 모르게 다리가 꼬아 진다고 했다. 낭송 읽기에서 자세는 기본에 충실해야 하는데 처음부터 바른 자세를 갖추는 것을 어려워했다. 서 있어야 하는데 자신도 모르게 다리가 꼬여 어쩔 줄 몰라 했다. 그러다 보니 걸음걸이의 교정을 매우 어려워했다. 그래도 본인과 부모님이 의지와 노력을 기울여서 지속적인 관리를 통해 해결할 수 있었다. 정말 어려운 수업이었다.

시대가 바뀌면서 더 많은 지식과 정보를 요구하고 있다. 따라서 기존의 저장된 정보에서 퇴화된 정보는 제거하고 새로운 첨단화된 정보를 보완해 나가는 방식이 필요하다.

교과서 낭송 읽기를 통해 읽기의 새로운 습관을 들이는 훈련은 쉽지 않을 수 있다. 아니 정확히 말하면 지금까지 들여온 읽기 습관을 버리기가 어려울 수 있다. 하지만 습관을 바꾸지 못하면 아무런 의미가 없다. 낭송 읽기의 기초를 다지기 위해 끊임없이 기초에 충실해서 새로운 습관을 들여 나가야 한다. 그래야 더 멀리 더 높이 뛸 수 있다.

교과서 예습 3단계 학습법 매뉴얼

교과서를 가지고 학습을 하려면 먼저 학교 교과과정의 모든 내용을 배경지식으로 가져와야 한다. 교과과정은 공통교과 과정이 있고, 이 과정은 의무교육으로 이뤄진다.

창의력인 사고와 융합적인 사고를 가진 인재를 선호하는 사회에서 기본적인 지식이 뒷받침이 되어야 한다.

에디슨은 전구를 만들 때 1,999번의 실험을 통해 2,000번째 성공을 했다고 한다. 그때 실패했던 1,999번의 실패 경험은 에디슨이 성공으로 가는 훌륭한 교과서가 되었다.

세계 최고의 지위에 오른 김연아의 교과서는 물론 코치의 가르침일 수 있다. 지속적인 스케이트 타는 방법을 알려주며 실력을 향상시켜 주었고, 뛰어난 프로로 만들어 주었다. 하지만 더욱 중요한 것은 김연아가 스스로 연습하는 과정에서 수없이 넘어지고 깨진 경험이었다. 이때도 김연아가 스스로 깨달을 수 있게 만든

수많은 실패 경험은 그 무엇보다 소중한 교과서라 할 수 있다.

2002년 한일 월드컵에서 한국 최초로 4강 신화를 이뤄낸 것은 히딩크 감독의 교과서가 있었기 때문이다. 히딩크 감독은 한국 감독으로 부임해서 제일 먼저 선수들의 기초체력이 부족하다는 것을 알아냈다. 그는 한국팀 대표를 맡으면서 기초체력 강화훈련에 힘을 쏟았다. 그래서 한국 축구의 새로운 역사를 이뤄냈다.

교과서 낭송 읽기의 기본 과정은 수업을 듣기 위한 준비를 만들어야 한다. 독학하지 않는 한 누군가의 도움이 필요하며 도움을 받는 과정은 그 자체가 모두 소중한 수업의 과정이다. 학교 수업을 위한 기초를 다지는 것은 수업 내용을 알아들을 수 있도록 기초적인 어휘력을 키워주는 것이다.

공부뿐만 아니라 어느 분야에서든 각자 가지고 있는 고유한 언어가 있다. 악기를 배우거나 운동을 해도 독특한 어휘들이 존재한다. 이처럼 학생이 수업을 듣기 위해서는 그 수준에 맞는 어휘력이 탄탄하게 자리 잡고 있어야 한다. 기본과정에서 어휘력은 매우 중요하다.

학교에서는 어느 과목이든지 선생님의 수업 내용을 듣기 전에 배울 내용에 포함된 어휘를 많이 알고 있어야 한다. 선생님의 말을 알아듣지 못하면 이해할 수도 없을 뿐더러 자신의 지식으로 가져올 수도 없다.

예습할 때 대개 다음날 배울 내용을 알고 가면 된다고 생각한다. 하지만 이런 마음으로 예습한 친구들의 대부분은 수업을 제대로 듣지 못한다. 문제는 짧은 어휘력이다. 과목 선생님이 한국말로 수업을 하고 있는데 무슨 말인지 이해를 하지 못해 수업시간의 일어나는 과업을 놓치고 나아가 공부 자체에 흥미마저 잃게 되는 것이다.

학업능력을 타고난 친구가 아니라면 누구나 수업을 듣기 위해 준비를 해야 한다. 수업의 전반적인 내용을 모두 이해하고 수업을 들어야 선생님이 가르치시는 말이 무슨 말인지 이해가 되고, 비로소 내 학습으로 가져와서 공부에 재미를 붙일 수 있다.

예습은 수업에 임할 때 선생님의 말씀을 있는 그대로 들을 수 있는 경청 능력을 키우는 노력이다. 수업을 위해서 준비하는 것은 스스로 미리 준비하는 움직임이 있어야 역동적인 운동력이 일어난다.

1. 범위는 작은 것에서 큰 것으로

공부할 때 범위를 정하고 시작하는 것은 매우 중요하다. 작은 범위를 완벽하게 공부할 수 있어야 중간 범위, 대범위를 거뜬하게 해낼 수 있다. 따라서 작은 범위 안에서 학습법을 먼저 적용해 보고 완벽하게 됐을 때 중간 범위로 넘어가고, 중간 범위가 됐을 때 대범위로 넘어가야 한다.

어려서부터 자기책상 정리를 잘하는 친구는 스스로 방을 치울 수 있어 집안을 정리정돈하는 것도 쉽게 할 수 있다. 작은 범위 안에서 하나의 훈련단계를 했다면 그것을 반복해서 습관으로 만들고 중간 범위로 넘어가면 더욱 좋다.

공부는 이해가 이해를 만들어 가는 과정이다. 작은 범위 안에서 이해하고 암기가 되었던 부분들은 누군가에게 설명만 들어도 문제없이 알아들을 수 있다

2. 저학년에서 고학년으로

어휘력도 낮은 단계에서 높은 단계로 올라가야 부담이 없다. 따라서 어느 학년이든 공부를 시작하는 시점에서 아이의 수준을 파악하는 것이 중요하다. 학습능력이 학년 수준을 따라가지 못하는데 무조건 학년에 맞춰 시작하면 아이는 부족한 어휘 실력으로 더욱 공부를 힘들어 할 수밖에 없고 더 나아가 포기하게 만들 수도 있다.

따라서 시간이 걸리더라도 아래 학년의 학습내용을 적어도 80%는 알고 있도록 해야 한다. 그런 다음에 새로운 단계를 이동하는 것이 좋다. 수학을 예로 들었을 때 도형을 모르면 이전단계의 과정에서 도형부분만을 골라서 다시 풀어보고 이해하고 나서 현재 학년의 것을 학습하도록 해야 한다.

공부는 스스로 할 수 있는 능력 안에서 해야 한다. 학습 능력도 안 되고 이해할 수도 없는 내용들을 하다 보면 스트레스를 받을 수밖에 없다.

공부에서 최고의 적은 스트레스다. 물론 자신이 스스로 감당하고자 노력하는 스트레스는 상관이 없다. 하지만 타인이나 외부에서 오는 스트레스는 정말 큰 문제다. 하기 싫은 공부를 부모의 강요에 의해 어쩔 수 없이 해야 하고, 거기다 알지 못하는 것들이 태반인 수업을 들어야 한다면 아이는 스트레스를 받아서 포기할 수밖에 없다.

따라서 현명한 부모라면 불안하고 늦은 감이 들더라도, 다시 기초부터 다진다는 마음으로 시작해야 한다. 그래야 아이도 편안하게 할 수 있으며 스트레스에서 벗어날 수 있다.

3. 문장은 단순형에서 서술형으로

문장을 읽고 암기하려 해도 뇌의 훈련이 습관이 되지 않았으면 힘들다. 노트에 단순한 문장으로 다시 정리해서 읽어보다가 다시 원본 문장으로 옮겨가는 활동을 해야 비로소 이해하고 의미파악을 하는데도 훨씬 수월하다.

서술형은 자신의 생각이나 사고를 정리하는 것이 아니라 교과서에 있는 내용을 가지고 문제가 원하는 답을 찾아서 써야 한다. 그렇게 하기 위해서는 교과서를 자신의 것으로 완벽하게 소화해야 한다. 짧은 문장으로 만든 개념어를 여러 번 반복하고 나서 서술형으로 옮기며 정리하는 연습을 하는 것이 좋다.

- 학급이나 학교에 규칙이 있는 것처럼 국가에도 많은 사람들이 함께 지키기로 약속하고 만든 규칙이 있다

- 학급이나 학교에 규칙이 있다.
- 국가에도 많은 사람들이 지켜야 하는 규칙이 있다.
- 이것은 함께 지키기로 약속하고 만든 것이다

4. 읽기는 단어에서 문장으로

수업을 들을 때 어휘는 많이 알수록 좋다. 그래야 본문을 제대로 읽고 전체의 흐름을 알아 수업의 내용을 제대로 이해할 수 있다. 하나의 문장에는 하나의 중요 개념이 있다. 따라서 많이 알려고 하지 말고 하나의 문장에 숨어 있는 핵심어의 개념을 알도록 해야 한다.

낭송 읽기는 무엇보다 흐름을 알면서 읽어야 한다. 손으로 단어마다 짚으면서 읽으면 좋다. 주어와 동사를 읽으면서 시작과 끝을 짚어 보며 읽는다. 문장 전체를 읽으면서 손가락은 한 줄씩 내려가면서 읽는다. 그렇게 문장 속에 있는 핵심이 무엇인지 알아보면서 읽어야 이해를 하려는 뇌가 움직인다.

핵심어인 개념어에 노란 색연필로 색칠하며 읽으면 전체의 개념을 한 눈에 볼 수 있다. 단어의 뜻을 알지 못하면서 문장을 이해한다는 것은 우물가에 가서 숭늉을 달라는 성급한 시도일 수밖에 없다. 아무리 학업에 조급하더라도 한 걸음씩 걸어가는 자세로 어휘력을 쌓아가야 올바른 단계를 밟아갈 수 있다.

수업을 위한 교과서
낭송 읽기 학습방법

교과서 낭송 읽기 학습에서 예습은 배울 것을 미리 읽어 보는 방식이다. 교과서 단원의 범위를 학습목표와 글의 짜임에 따라 읽고 확인하면서 어휘를 정리해 보고 모르는 어휘는 사전에서 찾아 기록해 두면서 자신만의 어휘장을 만들어 가는 것이 3단계 학습법이다. 수업을 하시는 선생님의 말씀이 무슨 의미를 전달하려는지 알아들을 수 있어야 한다. 3단계는 이처럼 제대로 된 수업을 들을 수 있는 준비과정이다.

1. 어휘력 찾기

1단원을 범위로 정하고 전체를 읽으면서 모르는 어휘를 찾아보는 과정이다. 보통은 동화책을 읽으면서 모르는 어휘가 나오면 앞과 뒤의 어휘를 연결시켜 추측해 보며 읽어도 된다고 말하지만 학습에서는 조금의 오차도 없이 알고 넘어가야 한다.

말이 '아.' 다르고 '어.' 다르다는 말처럼 뜻을 조금이라도 왜곡되게 알고 있으면 문장 전체가 연결되기도 힘들 뿐더러 교과서 낭송 학습을 해서 머리에 저장되어 버리면 이후에 바꾸기도 힘들다. 그래서 학습에서의 어휘는 명확하게 알고 있어야 한다.

첫 번째는 묵독으로 3번을 읽는다. 어휘 찾기를 묵독으로 3번을 해야 이유는 처음에 읽을 때 저장하려는 활동보다 모르는 어휘를 찾아 전체의 문장에서 뜻과 의미를 파악하여 기존에 알고 있는 어휘인지 아닌지를 파악하는데 있다. 더러는 알고 있었는데 잠깐 기억하지 못하는 경우도 있기 때문이다.

두 번째는 모르는 어휘를 색연필로 칠하며 읽는다. 이때 절대로 형광펜이나 잉크펜을 사용하면 안 된다. 형광펜이나 잉크펜은 잉크가 책에 스며들기 때문에 뒷장을 넘겼을 경우 다음 페이지에 있는 책의 내용이 선명하게 보이지 않을 뿐더러 책이 지저분해 질 수 있다.

세 번째는 색칠한 어휘들을 어휘장에 정리하며 읽는다. 이때 모르는 어휘가 더 있는지 확인하며 읽으면서 정리한다. 사전에서 모르는 어휘를 찾아 뜻을 이해하고 알아본다. 어휘를 모를 때마다 찾아도 되겠지만 그러다 보면 읽는 흐름이 끊어지고 아이들이 다른 행동을 할 수 있는 핑계를 제공해 주기 때문이다.

1단원이라는 범위를 주고 모두 마칠 때까지 어휘를 찾지 않게 하는 규칙을 주어야 한다. 어휘를 찾는 시간을 따로 배분해서 부분별로 집중력을 갖도록 해야 한다.

2. 한 문장씩 마무리하며 낭송읽기

기본과정에서는 글을 하나도 빠트리지 않고 곱씹어 먹듯이 읽는 습관을 가져야 한다. 발음 훈련에서 하듯 메트로놈으로 박자에 맞춰서 읽어야 한다. 한 음절 한 음절 정확하게 발음하면서 소리 내어 읽고 저절로 외워지는 낭송으로 읽어야 한다. 그렇게 한 문장씩 읽다 보면 50%는 암기가 저절로 되는 것을 볼 수 있다.

이때 전체의 흐름과 의미와 구조를 모두 이해하고 읽는 것이 중요하다. 다시 말해 한 문장을 여러 번 반복해서 읽고 다음 문장으로 넘어가면 된다.

이렇게 했을 경우 저절로 암송이 되는 경험을 하게 된다. 처음에 손가락으로 단어마다 짚으면서 읽었다면, 다음에는 한 줄씩 짚으면서 읽는 방법도 문장 이해력에 큰 도움이 된다.

3. 스스로 읽어주고 대답하기

　교과서는 단원에서 배워야 할 학습목표나 학습내용들이 서두 질문으로 제시되어 있다. 따라서 아이 자신이 스스로 질문하고 대답해 주는 문답식 공부법이 머리에 정확하게 남는다.

　사회라는 과목은 인문사회와 역사로 나뉘면서 수업시간에 이해되지 않은 부분이 있으면 듣기가 힘들다. 특히 역사는 있는 그대로 받아들여야 하는 분야로 고지식한 아이들은 상관이 없겠지만 자유분방한 사고를 가진 아이들은 생각의 연계성이 발달되어 힘들다. 아무리 수업을 잘 들으려고 해도 무슨 말인지 알지 못한다면 그건 외국어와 같다.

　이 단계는 개념어나 핵심어를 찾아서 정리해보고 배워야 할 내용 중에 어느 내용이 중요하고 무엇을 배우고자 하는지 알 수 있는 단계로 자신이 학습 목표와 학습내용을 스스로 알아보는 과정이다.

　이렇게 수업을 위한 예습을 완전하게 해야 수업을 더욱 효율적으로 들을 수 있다. 적어도 80%의 어휘를 알고 있어야 제대로 된 수업의 내용을 이해할 수 있기 때문이다.

"정신일도하사불성(精神一到何事不成)!"

수업을 들을 때는 선생님의 강의를 속으로 따라 말하는 것으로 '정신을 한 곳으로 모으면 이루어지지 않을 일이 없다'는 신념으로 해야 한다.

수업시간에 정신을 하나로 모으는 것은 신체를 선생님에게 고정하는 방법이다. 낭송 읽기 학습은 스스로 몸을 움직여 습득하는 방식으로 입을 움직이고, 선생님의 말씀을 들으며 척추를 바로 세우고 다리는 땅에 디디면서 몸을 안정적으로 만드는 신체학습과도 연결된다. 이런 낭송 읽기 학습은 졸음이 오는 것을 막아주며 잡담으로 떠드는 친구들의 환경에도 구애받지 않고 정신을 집중할 수 있게 해준다.

복습은 지속적으로 여러 번 읽는 방법으로 누적복습을 하면 된다. 주말에는 시험처럼 문제풀이를 한 번씩 하면 된다. 모든 습득은 예습에서 80%가 이루어지기 때문에 복습을 통해 다지기를 하듯 복습으로 저장된 학습 기억을 망각하지 말라고 지속적으로 정리해 주기만 하면 된다.

교과서 낭송 학습 요일별 매뉴얼

공부의 양을 정할 때 무작위로 대충 정하는 경우가 많다. 그렇게 되면 마무리가 되지 않는 경우가 많다. 처음에 왕창 해놓다 보면 뒷부분은 시간이 남다 보니 나태해지기 때문이다. 따라서 처음부터 범위를 정하는 것이 매우 중요하다.

교과서 목차를 보면 대단원 밑에 중단원 그리고 소단원이 있다. 이때 소단원인 1단원을 중심으로, 1번 묵독으로 모르는 어휘에 색칠하기를 하면서 읽는다. 어휘를 모른다고 그때마다 찾다 보면 산만하게 된다. 보통 1시간이라는 공부 시간을 정했으면 40분은 읽고 20분은 어휘를 찾는 시간으로 정하면 된다.

매뉴얼 요일별 기본 설명서

① 월요일에는 개념어나 모르는 어휘, 그리고 핵심어 찾기를 시작

한다. 읽기는 묵독으로 하고 시간은 1시간으로 배정하고, 40분은 읽고 20분은 어휘를 찾는 시간으로 정한다.

② 화요일도 같은 방법으로 시간과 범위를 정한다.

③ 수요일은 월요일과 화요일에 공부했던 내용들을 가지고 낭송하면서 개념어 정리를 한다.

④ 목요일에는 개념어나 모르는 어휘, 그리고 핵심어 찾기를 시작한다. 읽기는 묵독으로 하고, 시간은 1시간으로 배정하고, 40분은 읽고 20분은 어휘를 찾는 시간으로 정한다.

⑤ 금요일도 같은 방법으로 시간과 범위를 연장하여 정한다.

⑥ 토요일은 월요일과 화요일에 공부했던 내용들을 가지고 낭송을 하면서 개념어 정리를 한다.

⑦ 일요일에는 일주일 동안 공부한 범위를 정리한 내용으로 낭송한다.

요일	월	화	수	목	금	토	일
방법	①	②	③	④	⑤	⑥	⑦

※ 읽기의 과정이 복잡해 보일 수 있지만 몇 번 해보고 나면 간편하다는 것을 알 수 있다.

PART

7

교과서 낭송 읽기
습관 만들기 프로그램

훈련이 습관이 되도록 하려면

하루도 빠지지 않고 연습하면서

몸이 알도록 만들어야 한다.

중학교 1학년 남학생 진형이 사례

처음 학습관을 방문한 진형(가명)이가 물었다.

"샘, 여기 다니면 성적이 올라요?"
"넌 어떨 것 같아?"
"성적이 올라야 다니는 것 아닌가요?"
"그렇지. 성적이 중요하지. 진형이는 어떻게 생각해? 오를 것 같니?"
"그걸 내가 어떻게 알아요? 해봐야 알죠."
"그래, 그게 답이야. 해봐야 알지."

맞다, 해봐야 안다. 그런데 하기 싫은 공부를 어떻게 해봐야 할지 고민이라고 한다.

그래서 교과서 낭송 읽기를 활용했다. 일단 시작하고 보면 어느 순간 자신이 공부하고 있다는 사실을 알게 된다. 교과서 낭송 읽기를 하면서 예습 매뉴얼대로 움직이다 보면 공부하는 뇌로 바뀌어 있다.

이것이 바로 습관이다. 아이들이 아무리 하기 싫어해도 한 달 아니 21일만 비위를 맞춰보자. 매뉴얼대로 움직일 수 있도록 해보자. 그러면 그 다음부터는 스스로 하게 된다.

처음 오는 아이들에게 필자는 백지로 시작한다. 부모를 통해 아이의 정보는 미리 듣고는 있지만 거의 다 좋은 말이나 장점은 없고 오로지 단점뿐이라 참고할 것이 없다. 그래서 백지 상태에서 시작한다. 장점이나 단점에 대한 선입견 없이 아이에게 접근하기 위한 방법이다.

아이에게 매일 한 단계씩 정보를 준다. 잘하든 못하든 정보만 주고 지켜본다. 스스로 익혀가게 하는 방법이다. 제일 쉬운 방법부터 제시해 주면 하루가 다르게 새로운 모습들이 나온다.

아이에 맞게 단계의 주기는 다르게 나타난다. 빠른 친구는 한 단계를 일주일에 껑충 뛰어넘기도 하고, 어떤 경우는 한 달이 걸리는 친구도 있다.

5단계 모두 똑같은 속도로 갈 수 없다. 어떤 친구는 1단계에서 2단계로 올라가는 시간이 많이 걸린 반면 3단계부터는 빠르게 움직이는 경우도 볼 수 있다. 어떤 친구는 단계는 착실하게 하는데 성적이 더디 올라가는 경우도 경험했다.

성적이 오르기를 원하는 마음으로 훈련에 임하면 된다. 다른 어떤 것보다 심증만 가지고 시작하면 몸은 움직이게 되어 있다. 무엇을 잘하고 못하고 따지는 것은 낭송으로 공부하기 학습에서 필요가 없다. 단계 학습으로 이루어져 있기 때문에 순차적으로 밟아가다 보면 어느 단계에서는 힘이 들 것이고, 어느 단계는 거뜬하게 뛰어넘길 수도 있다.

진형이는 중학교에 들어가서 1학년 기말고사를 막 끝내고 있었다. 기말고사 성적은 국어 75점, 수학 28점, 사회 45점 과학 75점, 영어 36점 이었다.

잠시도 앉아 있지를 못하고 왔다 갔다를 습관처럼 반복했다. 수시로 물을 먹으러 자리를 떴고, 그만큼 화장실도 빈번하게 드나들었다. 짜증이 나서 엎어져 있는 시간들도 많았다. 전과목 학원은 6학년 때까지 다녔고, 태권도 도장을 다녔으며, 현재는 공부를 학습지로 하고 있었다.

진형이에게 가장 필요한 것은 앉아있는 습관을 잡는 것이었다. 과목에서 수학성적이 낮다는 것은 앉아서 진득하게 공부를 하지 않고 움직임이 많기 때문이다. 수학은 오랫동안 앉아 있으면서 개념을 이해하여야 풀 수 있다. 적어도 개념을 이해했다면 몇 문제는 풀어서 배운 개념을 완벽하게 숙지해야 한다. 점수가 28점이라면 연산은 건너뛰고 기본 문제만을 풀었다는 말이다.

진형이에게 엉덩이를 붙이는 습관을 들이기 위해서 낭송 읽기 후에 예제를 그대로 노트에 옮겨 쓰는 작업을 지도했다. 보통 성적이 낮은 친구들은 연습장을 사용하지 않기 때문에 교과서를 몇 번씩 풀게 해야 한다. 아울러 노트정리도 수업시간에 할 수 있도록 훈련을 시키는 것이다.

진형이는 국어, 영어, 수학을 먼저 주 과목으로 잡고 시작했다. 선행이라고 볼 수도 있겠지만 누구의 도움도 받지 않고 시작하는 만큼 예습으로 보는 것이 더 정확하다.

보통은 복습에서 반복적인 누적 복습이 필요하다고 하지만 예습에도 누적 예습이 필요하다.

진형이는 방학 동안 시작했기에 여러 방법으로 예습을 시도하는 기회를 만들어 주었다.

교과서 낭송 읽기 1단계 적용

국어, 영어, 수학 모두 교과서 낭송 읽기 1단계는 모르는 어휘를 노란 색연필로 칠하며 읽는 방법이다. 예습 1단계를 시작하면서 날짜의 변동 없이 계획한 대로 움직였다. 조금씩 여유를 주기 시작하면 상황에 따라 합리화를 시키거나 핑계를 줄 수 있으므로 시작할 때 어떠한 핑계를 대거나 합리화를 시키지 않기로 규칙을 정하고 약속을 해야 한다.

교과서 낭송 읽기 학습 진도카드

	1단계 묵독	2단계 낭송	3단계 암송
국어	OOOOO	OOOOO	OOOOO
영어	OOOOO	OOOOO	OOOOO
수학	OOOOO	OOOOO	OOOOO

교과서 낭송 읽기 2단계 적용

교과서 낭송 학습의 예습 2단계는 낭송으로 아이의 몸을 역동적으로 움직일 수 있도록 하는 훈련이다. 겨울 방학이라는 시간적 여유가 있어 단계대로 적용하기가 쉬웠다.

진형이가 이해하고 따라와 주기를 바라는 마음이 통했는지 별

까다로움 없이 따라와 주었다.

낭송은 빨리하려는 생각보다 발성, 발음, 호흡훈련이 함께 이뤄지도록 해야 한다. 훈련이 습관이 되도록 하려면 하루도 빠지지 않고 연습하면서 몸이 알도록 만들어야 한다.

교과서 낭송 읽기 3단계 적용

교과서 낭송 읽기의 예습 3단계는 교과서 낭송을 하고 나서 다른 사람에게 암송하여 설명하는 단계이다. 이 단계는 자신이 지금 알고 있는 것과 모르고 있는 것을 구분할 수 있다. 암송이 저절로 입에서 나온다면 수업할 때 어려움이 없이 올바르게 임할 수 있다.

진형이는 낭송을 통해 성적이 많이 올랐다. 예습을 철저하게 해서 수업에서도 자신감이 생겼다고 했다. 수행 평가나 수업 자세에서도 좋은 점수를 얻을 수 있었으며 복습도 그리 어렵지 않게 할 수 있었다고 했다.

제일 흡족한 결과는 성적이 많이 향상되어 부모님이나 선생님께 인정을 받으면서 자신감과 자존감이 많이 향상되었다는 것이다. 늘 주눅이 들어 있던 아이였는데 무엇을 해도 주저하지 않고 적극적으로 임하는 학생으로 변했다.

1주차, 낭송을 통해
몸의 안과 밖을 소통시키기

서있는 바른 자세

서있는 자세가 고정이 되어 10분 이상을 흔들리지 않는다면 이제 자신의 몸에 어떤 움직임이 일어나는지 알 수 있다. 부모는 아이에게 지속적으로 몸의 움직임과 다리의 느낌, 그리고 근력의 변화를 물어보며 훈련에 들어가야 한다. 그렇지 않으면 옳지 않은 방법으로 몸이 굳어질 수 있으며 이후에 이를 교정하기 위해 고생할 수 있다.

몸이 틀어져 있거나 다리를 11자로 만들기가 힘들다면 걸음걸이를 의심해 봐야 한다. 안짱다리나 팔자다리로 걷던 사람들은 서있는 것 자체가 편안하지 않을 수 있다.

서 있는 몸이 익숙하다면 걷기 연습으로 옮기면 된다. 발은 11자 모양을 하고 양 무릎을 붙여서 걷기를 시작한다. 걷기는 몸의 혈액순환을 원만하게 해주고 몸을 교정하는데 제일 적절한 방법으로 안짱다리나 팔자다리를 수정할 수 있다.

〈서 있는 그림 앞 모습〉   〈서 있는 그림 옆 모습〉

※ 걸음걸이를 위한 기본 익히기

1. 바른 자세로 서서 발을 움직이기

　발의 모양이 11자로 되어 있는지 위치를 확인하고 발가락 부분만
땅에 댄다. 발바닥과 뒤꿈치는 세우며 박자에 맞추어 왼발, 오른발
을 엇갈리게 번갈아 가며 지속적으로 한다. 기본으로 걸음걸이의 리
듬을 익힐 수 있으며 발 앞꿈치를 세우는 연습을 한다. 이런 연습이
되지 않고 걸음걸이를 시작했을 때는 발바닥 전체를 사용하여 걷게

되면서 몸의 무게가 발에 모두 가해지기에 허리나 무릎에 영향을 줄 수 있다. 아울러 오래 걷지도 못한다. 몸의 움직임은 신체가 바르게 세워져야 한다. 서 있는 자세와 걷기가 제대로 형성되어야 한다.

2. 발을 움직여 걸어보기

먼저 발의 뒤꿈치 끝을 땅바닥에 디디고, 다음 앞꿈치로 넘어오고 다른 발의 뒤꿈치는 동시에 착지된다. 발을 뒤꿈치에 붙일 때 앞꿈치는 들려 있어야 한다. 발바닥 전체가 동시에 땅에 착지하는 것은 좋지 않다.

걸음을 걸어 보고 걷는 자세를 본다. 다리는 11자로 걷는지 본다. 팔자다리나 안짱다리로 걷는 사람은 소리를 내야 할 때 힘이 주어지지 않아 제대로 낼 수가 없다. 그리고 그렇게 걷는 사람들은 허리를 제대로 펴지를 못하고 척추를 바로 세우지를 못한다. 그러다 보니 목은 앞으로 나오거나 뒤로 제치게 되고 다리에는 힘이 없어진다.

천천히 뒤꿈치부터 디디고 발바닥을 거쳐 앞꿈치로 마무리한다.

동시에 다른 발은 뒤꿈치를 디디며 양 발을 번갈아 가면서 한 걸음 한 걸음 내딛어야 한다. 그래야 몸에 힘을 받고 척추가 바로설 수 있으며 소리를 낼 때 지장을 받지 않는다.

3. 바르게 걷기 30분 훈련

힘이 약하거나 근력이 없다면 매일 바른 자세로 30분씩 걷기를 하고 발성연습을 해야 한다. 그래야 소리를 내는 신체가 힘을 받고 소리도 크게 낼 수 있다. 또한 소리를 내는 동안 스트레스를 안 받고 긴 시간 훈련을 받을 수 있다. 어떠한 훈련이든 기초 체력이 되어야 효과를 볼 수 있으며 지속적으로 할 수 있다.

〈바로걷기〉

걸어야 하는 길 위에 색연필로 선을 그려 놓는다, 그리고 선 위에서 일자로 올바로 걷기 연습을 하면 효과적이다. 또한 시선은 먼 산을 바라보며 걸어야 한다. 그렇지 않을 경우에는 척추가 바로 서기 힘들다.

몸의 기본 틀을 잡아 주는 신발은 걸을 때 신체를 받쳐준다

성장기 아이들에게 신발은 매우 중요하다. 신체를 받쳐 주고 몸의 균형을 잡아 주기 때문이다. 요즘은 아이들이 멋을 부리기 위해 신발 밑창이 평평한 신발을 선호하고, 모양에 치중해서 운동화를 신는 아이들이 있다. 신발을 고를 때 매우 신중하게 생각해야 한다.

신발은 발바닥의 아치를 잘 받쳐줄 수 있어야 하며 몸의 무게를 뒤에서 받쳐 주는, 충격을 완화시키는 쿠션이 있어야 좋다. 엄지발가락부터 새끼발가락까지 모양을 그대로 유지할 수 있어야 하며 인대와 뼈를 보호해 주고, 발가락을 박스처럼 감싸주는 토우박스가 있는 신발이 좋다.

신발은 발의 각도가 중요하다. 잘못 신었을 경우에는 안짱다리 걸음걸이나 팔자모양의 걸음걸이가 될 수 있다. 발의 각도는 신발 밑창의 영향을 받기 때문에 신중하게 선택해야 한다.

요즘 신기 편하고 멋을 추구한다며 어린 아이들부터 청소년들이 슬리퍼형 샌들이나 굽이 있는 신발, 평평한 쪼리 등을 신는 모습을 볼 수 있는데 이는 발을 제대로 감싸주지 못해서 지양했으면 한다.

2주차, 낭송을 위한 속 근육 키우기

걷기를 일주일 했다면 이제는 낭송 읽기를 위한 몸을 만들기 위해 근육을 키워야 한다. 보통 운동선수들은 보이는 근육에 집중한다. 몸짱이라고 불리는 사람들의 몸을 보면 팔이나 다리에 울퉁불퉁 근육이 생겨있는 모습들이 볼 수 있다.

하지만 낭송 읽기를 위해서는 속근육을 키워야 한다. 속 근육을 키우기 위해서는 보여지는 근육보다 더 세밀하게 집중해야 한다. 부모님은 매일 시간을 정해놓고 규칙적으로 자녀의 훈련을 도와줘야 한다.

낭송 읽기는 복식호흡이 필요하다. 복식호흡을 통해 아랫배와 배꼽 사이에 힘을 주면서 소리가 나올 수 있도록 해야 한다. 운동하는 방법으로는 다음과 같이 3가지를 반복하는 것이 좋다.

1. 누워서 다리를 올리고 내려줘요

이 운동은 윗배는 힘이 주어지지 않고 아랫배에만 힘이 주어져서 아랫배의 힘을 키우는 방법이다. 다리를 올렸다가 내렸을 때에는 발이 땅에 닿으면 안 된다. 발이 땅에 닿아버리면 속 근육이 생기지 않고 풀어져 버린다.

평평한 바닥에 누워서 다리를 올려 몸에서 직각이 되게 하고 다시 내려가면 된다. 단 내리고 올릴 때 허리나 엉덩이가 들리거나 흔들리지 않아야 한다. 또한 다리를 바닥에 대지 않고 들었다 내렸다를 반복해야 아랫배에 힘이 들어 갈 수 있다. 다리를 들 때에는 조금 빠르게 내릴 때에는 천천히 내리도록 한다.

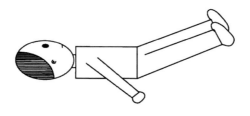

〈다리를 올렸다 내렸다 하는 그림〉

허벅지나 엉덩이에 힘을 주는 것이 아니라 아랫배의 힘으로 다리를 들었다 내렸다를 해야 한다. 어린 아이들은 무릎을 약간 구부려도 된다.

149

2. 공을 가지고 놀아요

탱탱볼을 어른의 허리 높이에서 떨어뜨리며 근육 키우기를 하는 운동이다. 아이들이 재미있게 놀면서 근육을 키우기에 제일 좋은 방법이다.

아이들에게 속근육을 키우는 방법을 아무리 설명을 해도 훈련하기가 쉽지 않다. 따라서 부모가 아이를 리드해서 훈련할 수 있어야 한다. 어느 순간 무방비 상태에서 떨어뜨리면 아이는 긴장을 해야 해서 스트레스를 받을 수 있으니 "하나, 둘, 셋!"을 외치면서 셋에 공을 떨어뜨리는 것이 좋다. 공을 떨어뜨리는 순간 아이는 긴장을 해서 배에 힘을 주게 된다.

〈아이를 뉘여 놓고 공을 떨어뜨리는 연습〉

3. 몸을 구부려 근육을 만들어요

바로 서 있는 자세로 허리를 구부려 얼굴을 두 무릎 사이로 묻히게 하는 방법이다. 이렇게 하면 척추가 휘어 있는지 알 수 있으며, 또한 구부리고 있을 때 복부에 힘이 저절로 주어진다. 그리고 구부리고 펴기를 반복하다 보면 척추를 교정하면서 복부에 힘이 더욱 주어지면서 복부 운동에 큰 효과를 준다.

〈배에 힘을 주며 폴더 몸 만들기〉

151

3주차, 지구력 키우기 훈련

**무릎을 구부리고
손을 올려서 앉아 지구력 근육 키우기**

어깨에 힘을 빼고 다리를 세우고 앉아서 등을 뒤로 살짝 눕힌 상태에서 힘을 주는 운동이다. 편안하게 앉아 10분 동안 훈련을 지속하면서 지구력과 집중력을 키울 수 있다. 처음에는 짧은 시간으로 시작하고 점점 시간을 늘려가는 방법이 좋다. 그래야 힘들이지 않고 시간을 연장할 수 있다.

편안하게 앉아서 어깨에 힘을 뺀다. 그리고 약간 어깨를 뒤로 빼고 손을 뻗어 정지한다. 어깨의 힘을 꼭 빼야 하는 이유는 힘이 어깨에 머물게 되면 근육이 배에 생기지 않고 어깨에 생겨 어깨가 결릴 수 있기 때문이다. 이러한 자세는 아랫배의 힘을 강화 시키는 훈련으로 집에서 쉽게 하면서 수시로 근력을 키울 수 있다.

〈다리 올리고 앉아서 아랫배에 힘주기〉

앉아서 무릎을 구부려 배에 힘을 주면 배에 근육이 생기면서 복식호흡으로 낭송하기가 수월해진다.

엎드려 배에 힘을 줘요

엎드려서 엉덩이가 올라오지 않게 하고 팔은 직각으로 땅에 대고 엎드려 있는 자세다. 이 자세는 전신으로 힘이 분산되어야 하고, 아랫배에 힘을 주고 하도록 지켜봐 줘야 한다. 머리부터 발끝까지 고정이 되어 곧게 뻗어야 하며 고개를 들지 않아야 한다. 엉덩이는 아래쪽으로 처지지 않게 하고, 또 너무 올라가지 않게 하여 배에 긴장을 풀지 않도록 해야 한다.

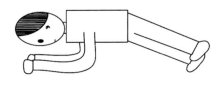

〈엎드려 배에 힘을 줘요〉

기마 자세하기

서 있기 기본자세에서 발은 어깨넓이로 벌리고 무릎을 약간 구부리며 손은 허리에 있게 한다. 무릎을 약간 구부려야 하므로 승마자세와는 조금 다르다. 아랫배에 힘을 주어 근육을 키워야 하기 때문에 허벅지를 만져보고 힘이 너무 주어져 있으면 배로 옮겨 가도록 도움을 줘야 한다. 무릎을 너무 구부리게 되면 허벅지나 다리에 힘이 주어질 수 있으므로 주의를 요한다. 스스로 배에 힘이 주어지는 것을 느끼며 해야 한다.

〈기마자세로 아랫배에 근육을 키운다〉

PART

8

낭송 읽기의 에너지
호흡법 훈련

낭송 읽기에서 호흡법은 매우 중요하다.

호흡이 낭독할 때 에너지원으로

공급되어야 하기 때문이다.

낭송 읽기 호흡은?

　호흡은 '공기를 들이마시고 내쉬는 숨쉬기'다. 소화관에서 흡수된 영양소는 폐를 통해 받아들인 산소와 함께 순환 기관에 의해 온몸의 세포로 전달된다. 세포에서는 영양소가 산소와 반응하여 이산화탄소와 물로 분해되고, 이 때 살아가는 데 필요한 에너지가 발생한다. 이런 일련의 과정이 호흡을 통해 이뤄진다.

　공기는 압력을 통해 폐의 안팎으로 이동한다. 낭송에서 호흡이 중요한 이유는 호흡을 통해 소리가 입 밖으로 나오기 때문이며 소리를 내는 에너지의 원천이기 때문이다.

　호흡에는 크게 복식호흡과 흉식호흡이 있다.

　낭송 읽기의 호흡은 복식호흡이다. 공기를 배로 보내는데 발가락 끝까지 숨을 들이키는 느낌을 가지면서 숨을 들이킨다. 다시 말해 아랫배와 횡경막 사이가 불룩하게 나오는 호흡이다.

　흉식호흡은 가슴으로 얕게 호흡하는 것을 말한다. 소리를 낼

157

때 한 문장을 끝까지 하기 힘들다. 따라서 상대방에게 의미전달을 제대로 하기가 어렵다. 또한 말을 많이 하거나 발표할 때 쉽게 지치고 피곤하게 만든다.

대체로 사람은 몸의 일부나 전체를 움직일 때 의식하고 하는 행동과 무의식으로 하는 행동을 한다. 이때 의식하고 하는 행동과 무의식 속에서 자신의 의지와 상관없이 행해지는 행동은 신체 내부의 구조 변화를 불러온다.

의식 속에서 움직이는 행동은 자신이 가지고 있는 뇌를 통해 생각으로 움직이지만, 무의식적인 움직임은 생리적인 욕구이며 본능적인 움직임이다. 위가 움직이고 심장이 뛰고 소장과 대장이 기능을 하듯이 지시하지 않아도 움직이는 기능 속에 호흡이 있다.

복식호흡은 말 그대로 배로 쉬는 호흡이다. 잠자는 아기를 관찰해 보면 숨을 들이마실 때는 배가 불룩했다가 숨을 내쉬면 배가 쏙 들어가는 모습을 볼 수 있다. 이것이 복식호흡이다.

사람은 태어날 때 복식호흡을 한다. 하지만 살아가면서 환경의 영향으로 인해 흉식호흡을 하는 경우가 많다. 더러는 쇄골호흡을 하는 이도 있다. 이런 이들은 훈련을 통해 복식호흡을 할 수 있도록 해야 한다.

아이들 중에 더러는 자연스럽게 복식호흡을 지속적으로 하는 경우도 있었다. 그룹으로 낭송 수업을 하면서 만난 초6학년 여학생 소진(가명)이는 나이에 비해 복식호흡을 정말 잘하고 있었다. 어려서부터 플롯을 계속 연주했다고 했다. 관악기를 사용하는 친구들은 자연스럽게 복식호흡을 하고 있었다. 부모가 복식호흡으로 대화를 나눈 가정의 자녀들도 자연스럽게 복식호흡을 하고 있었다.

하지만 대다수의 아이들은 복식호흡보다는 흉식호흡을 하고 있었다. 따라서 낭송 읽기의 기초를 다지기 위해 복식호흡 훈련을 하는 것은 매우 중요한 과정이다.

※ 낭송 읽기에서 호흡법은 매우 중요하다. 호흡이 낭독할 때 에너지원으로 공급되어야 하기 때문이다. 낭독의 기본은 호흡이다.

1주차, 나의 호흡은 잘되고 있나요?

낭송 읽기에서 복식호흡을 하는 아이는 다음 단계로 쉽게 접근할 수 있다. 하지만 10명 중에 3~4명은 흉식호흡을 한다. 이런 친구들은 다음 단계에서 훈련을 착실하게 해야 한다. 나이가 어릴수록 복식호흡으로 고쳐나가기가 쉽다.

복식호흡을 하기 위해서는 먼저 진단이 필요하다. 그 간단한 진단법을 살펴보자.

잠자는 숲속의 공주

사람은 잠을 잘 때 본능적으로 무의식에서 호흡을 한다. 따라서 이때 부모가 자녀의 잠자는 모습을 보고, 복식호흡을 하는지 흉식호흡을 하는지 살펴보면 된다. 숨을 들이쉴 때 배가 올라오고, 내쉴 때 배가 가라앉으면 복식호흡을 하는 것이다.

복식호흡을 하는 아이라면 배꼽 아래 5cm 사이에 손을 얹고 자신의 호흡점을 찾아야 한다. 숨을 들이쉴 때 배가 나오게 하고, 내쉴 때 배가 들어가는 숨을 유지해 나가야 한다. 낭송 읽기를 위해서는 복식호흡을 습관화해야 한다.

가슴에 한 손 배에 한손을

자신이 어떻게 호흡을 하는지 스스로 알아 보는 방법이다. 한 손바닥은 배에, 또 한 손바닥은 가슴에 대고 누워서 느껴보면 알 수 있다. 마찬가지로 숨을 들이쉴 때 배가 나오게 하고, 내쉴 때 배가 들어가는 복식호흡을 연습해 나가야 한다.

부모의 도움을 받아요

부모님이 아이의 호흡하는 모습을 손으로 짚어 보면서 정확하게 알려주는 방법이다. 근육 키우기 훈련에서 아랫배에 힘을 주어야 하는데 다리나 팔에 힘이 주어지면 호흡점이 잡히기 힘들다. 이때 부모의 올바른 판단으로 다시 속 근육 키우기 훈련을 통해 호흡 점을 찾으면서 근육 키우기를 하면 된다.

2주차, 낭송 읽기를 위한 숨쉬기

숲속을 걸어요

등산하는 사람들 중에는 산 정상에서 두 손을 번쩍 들고 맑은 공기를 흠뻑 마시면서 "야호!"하고 소리를 지르는 이들이 있다. 이처럼 흠뻑 마시는 숨을 몸으로 느끼는 훈련이 필요하다. 숨을 길게 오래 내쉬려면 많이 들이마시는 훈련이 필요하기 때문이다.

아랫배에 손을 대고 배가 불룩하도록 들이마시는 연습을 한다. 어느 정도가 숨을 들이마신 것인지를 잘 모를 때는 10까지 숫자를 세어본다. 처음부터 10까지 세어보기 힘들다면 5부터 시작해서 서서히 늘려 주면 된다. 단 내쉬는 연습은 2단계에서 하므로 들이마시는 호흡에만 신경을 쓰면 된다.

숨을 내쉬기

숨을 들이켰다면 이제 밖으로 내보내는 연습을 한다. 누에고치에서 실을 뽑듯이 조심스럽게 천천히 숨을 내보내는 훈련이다. 누에를 손으로 살포시 쥐고 실이 일정한 두께로 끊어지지 않고 나오도록 뽑기 위해서는 정성을 기울여야 한다. 이처럼 정성을 들여 천천히 숨을 내보내면 된다. 처음에는 힘이 들고 어렵지만 시간이 지나면서 긴 시간으로 늘어나는 모습을 볼 수 있었다.

아이들에게는 10부터 시작해서 매일 5씩 늘려가는 방법도 활용하면 좋다. 숨을 내쉬는 훈련은 마시는 것보다 내쉬는 것에 더욱 집중해서 숫자를 속으로 세는 노력이 필요하다.

들이마시는 숨과 내쉬는 숨을 함께 해요

들이마시는 숨과 내쉬는 숨을 모두 연습하여 본다. 들이마시는 호흡은 발끝까지 채운다는 느낌을 가지고 깊이 있게 마시고 내쉴 때에는 숫자를 세면서 연습하면 된다. 처음부터 많은 숫자를 세려하지 말고 작은 숫자부터 점차적으로 늘려나가면 좋다.

3주차, 호흡을 강화시켜요

　자신의 호흡점을 찾고 속근육과 겉근육을 강화시켰다면 이제부터는 숨쉬기를 본격적으로 해본다.

　먼저 전 날 했던 과정들을 3번씩 반복한다. 눈을 감고 깊은 산속에서 자연의 공기를 마신다고 생각해 보자. 자연의 공기를 들이마신다고 생각하면서 발가락 끝까지 자연의 공기로 채운다고 생각하며 숨을 들이켜 본다. 온 몸 가득 숨을 들이마시는 것도 연습이 필요한 것을 느낄 수 있다.

손바닥으로 느껴 봐요

　부모가 손바닥을 자녀의 입에서 10센티 거리를 두고 내쉬는 숨을 느껴보자. 시간을 확인하며 늘려가도록 도움을 준다. 아이가 들이마실 때에도 숫자를 세어주면 좋다. 아이가 숫자를 세어도 좋지만 시작하는 단계라 두 가지를 모두 하기에는 버거울 수 있다. 이 때문에 아이는 숨을 들이마시기에 집중하게 하고 부모가 숫자를 세어주는 것이 좋다.

휴지를 흔들어요

호흡법을 강화하는 훈련이다. 부모가 아이의 입에서 10센티 거리에 휴지를 들고 호흡으로 휴지가 흔들리도록 연습한다.

〈휴지를 들고 있는 모습〉

풍선을 불어요

풍선을 통해 복식호흡을 연습하는 훈련이다. 들이마시고 내쉬는 호흡이 끝날 때까지 풍선 안으로 숨을 불어 넣어준다. 폐활량도 늘어나서 문장을 읽을 때에 효과가 크다.

PART

9

낭송 읽기 힘의 원천

발성 훈련법

바른 자세는 성대의 위치를 바로 잡아 주며

숨을 쉴 때 호흡이 바르게 들어가는

역할을 해서 발성을 바르게 해준다.

발성이란?

보통 사람은 큰 문제없이 책을 읽을 수 있다. 하지만 이왕이면 어떤 소리로 읽느냐가 중요하다. 보통은 말할 때만 목소리에 신경을 쓴다. 하지만 책을 읽을 때에도 목소리가 생각을 열어주기도 하고 막아주기도 한다는 것을 알아야 한다. 이때 좋은 목소리를 내는 것을 발성이라고 한다.

메라비언 교수는 의사소통에서 중요한 것은 내용이 7%, 태도가 20%, 표정은 35%인데 반해 목소리가 38%를 차지한다고 한다. 이 것을 메라비언 법칙이라고 하는데, 쉽게 말하자면 말할 때 상대방에게 의사전달을 하는 요소 중에 목소리가 큰 영향을 끼친다는 것이다.

책을 읽을 때에도 자신이 책과 대화를 한다고 생각한다면 스스로 말하고 듣는 목소리에 크게 영향을 받는다. 낭송은 묵독으로 읽기와 달리 온몸으로 움직이는 활동이라 메라비언 교수의 말대로라면 태도와 표정, 목소리를 합쳐 의사소통에서 중요한 93%를 잡을 수 있다.

좋은 발성 만드는 호흡과 자세

책읽기 발성은 복식호흡으로 호흡을 조절하고 밖으로 공기를 빼내면서 소리와 함께 공기를 아주 조금씩 내보내며 책을 읽는 방법이다. 머리는 읽는 책의 의미를 파악하고 이해할 수 있도록 해야 한다.

> 좋은 목소리는 새로 만들어지는 것이 아니라 자신의 몸 안에 고스란히 담아져 있다. 그 목소리를 깨우면 된다는 사실을 알고 언제 어디서든 당당하게 자신의 목소리를 낼 수 있는 방법에 도전해 보도록 노력하라. 하루를 연습하지 않으면 발음을 잃으며, 이틀을 연습하지 않으면 공명을 잃으며, 사흘을 연습하지 않으면 화법의 모든 것을 잃는다는 것을 명심하라.
> — 임유정의 〈성공을 부르는 목소리 코칭〉 중에서

모든 내용을 개념정리하거나 핵심어를 의미파악해서 이해하고 암기하려면 낭송으로 리듬 있게 읽어야 한다. 이는 머리가 사고를 할 수 있도록 복식호흡만을 사용하는 이유이기도 하다.

자기 자신에게 들려주는 소리라도 성심성의껏 암송해서 들려주고 말해야 한다. 발성할 때 자신이 내는 편안한 소리를 제대로 인지하고 책을 읽을 때에도 적용한다면 쉽고 재미있게 공부할 수 있고 암기도 저절로 되는 것을 알게 된다.

> 올바른 발성은 건강한 성대에서 나오며 가창을 잘 하려면 중요한 몸의 근육들(복부, 허리 근육, 횡경막 등)이 제대로 훈련되어야 한다. 이런 근육이 성대인데 소리를 내는 호흡 근육이기에 이를 발전시켜야 한다. 소리를 낼 수 있는 근육이 발달되어야만 허리와 복부를 이용하는 복식호흡도 원활하게 이루어지고 소리의 울림도 탄력이 생긴다.
> – 김혜정의 〈발성법 강의노트〉 중에서

바른 자세는 성대의 위치를 바로 잡아 주며 숨을 쉴 때 호흡이 바르게 들어가는 역할을 해서 발성을 바르게 해준다. 이러한 성대가 건강해야 탄력적으로 소리가 원활하게 나올 수 있도록 움직임을 줄 수 있다.

171

① 거울을 보고 발성연습

② 오른손을 돌리면서 발성연습

③ 아랫배를 손으로 눌러 주면서 발성연습

자세가 바르지 못하면 호흡과 발성이 밖으로 나올 수 없다. 따라서 등을 꼿꼿하게 세워 일직선이 되게 한다. 다리는 어깨넓이로 벌리고, 눈은 먼 곳을 바라본다. 아이들은 먼 곳의 의미를 이해하지 못하므로 거울에 매직으로 눈에서 10Cm를 올려서 점을 찍어 놓고 자신의 자세를 보면서 점을 의식하며 발성연습을 하게 하면 된다.

오랜 시간 발성연습을 하면 몸이 경직되고 금방 지칠 수도 있으니 10분에 한 번씩 휴식을 취하도록 한다. 어깨에 힘을 주면 소리가 나오기 힘이 드니 자주 어깨의 힘을 풀어준다. 거울을 보고 어느 정도 연습이 되었으면 책꽂이나 높은 선반에 눈높이에 맞는 독서대를 놓고 책이나 원고를 얹어놓고 읽게 한다.

앉아서 할 때에도 서 있을 때와 마찬가지로 척추를 펴고 어깨는 힘을 풀고 다리는 바닥에 일자로 디디게 한다. 등이 의자 등받이와 분리되게 엉덩이는 뒤로 뺀 상태에서 복부와 허리에 힘을 넣었다 뺐다 할 수 있도록 한다. 낭송 읽기를 할 책이나 원고의 위치는 눈과 거리에 맞게 놓아준다. 책상 위에 원고를 놓아야 한다면 두꺼운 책으로 받침을 해주고 위에 독서대를 놓고 연습할 수 있게 한다.

서서하는 자세가 웬만큼 됐으면 이제 앉아서 하는 것이 좋다. 처음부터 앉아서 하면 아이들은 편할 수도 있지만 복부에 힘을 주기가 힘들어서 복식호흡을 하기가 어렵기 때문에 서서하는 것으로 복식호흡을 익히고, 이것이 됐을 때 앉아서 하는 자세로 가는 것이 좋은 것이다.

좋은 발성을 만드는 입모양

발성하기에 좋은 입모양은 하품할 때에 벌리는 것처럼 최대한 크게 위와 아래에서 입술을 잡아당기듯이 벌리는 것이다. 성대에서 소리가 만들어지고, 구강과 비강에서 공명이 자연스럽게 나오면서 소리가 커지는 자신만의 편안한 음을 만들어 낼 수 있다.

입의 모양은 모음에 따라, 입술의 위치에 따라 힘을 주거나 풀어주는 시점이 중요하다. 입술은 힘을 빼고 복식호흡으로 숨이 나오는 힘으로, 혀는 자연스럽게 아래쪽으로 하면서 입을 움직이면 된다.

말할 때 힘들어 보이는 사람들은 입술에 힘을 주는 경우가 많다. 입술에 힘이 들어갔을 때는 힘을 주는 입술의 위치를 찾아서 반대편 입술에 두 손의 검지로 살짝 건드리며 소리를 내면 풀어질 수 있다.

〈아, 이, 우, 에, 오의 입모양〉

발성에서는 다른 모음보다 '아~~' 소리를 기초로 많이 응용하면 쉽고 편하다. 다른 사람이 봐주는 것도 좋지만 거울을 보고 자신의 입모양을 관찰하면서 발성연습을 하는 것이 제일 효율적이다.

입의 모양을 벌려보고 손가락 중에 엄지를 뺀 네 손가락을 세워 붙여서 넣어 보면 모두 들어가는 모습을 볼 수 있다.

입의 크기는 아치를 열어줄 때처럼 크게 하는 것이 좋지만, 자신에게는 잘 보이지 않으므로 등을 펴고 입을 크게 벌리고 스스로 목의 아치가 열려지는 느낌을 알아서 조절하는 것이 좋다. 자세가 바르고 입을 잘 벌려준다면 아치는 큰 문제없이 열려진다. 목의 아치가 제대로 열려져야 소리가 부담 없이 밖으로 나올 수 있다.

발성하기 전에 점검해야 하는 자세

서 있는 자세를 본다. 척추는 펴고 있는지, 발은 11자로 정확하게 벌리고 서있는지, 다리는 어깨 넓이로 벌리고 힘을 빼고 있는지, 복부에는 힘이 주어지고 있는지를 확인하여 보면 된다.
(혹여 11자의 발모양을 확인하기 힘들다면 발 모양을 그려놓고 그대로 서서 연습을 하면 확실하게 된다).

발성훈련 1주차
낭송하기 좋은 음을 찾아서

먼저 자세를 갖춰야 한다. 발성연습을 위해 발은 11자 모양으로 어깨만큼 벌리고 척추를 바로 세우고 서 있어야 한다. 고개는 흔들리지 않게 똑바로 세우고 발성을 해야 아치가 제대로 열려질 수 있다.

전신거울 앞에 서서 눈높이보다 5cm위에 매직으로 표시를 하고, 그 위에 원고를 붙이고 읽는 연습을 하면 좋다. 자세가 바로 잡힐 수 있다.

입은 힘을 주지 말아야 한다. 입은 발성에서 중요하게 집중해야 하는 신체적 움직임이다. 입에 힘을 많이 주면 발음할 때 고생할 수 있다. 한글의 모음은 언어를 전달할 때 중요하다. 입에 힘을 주지 않고 긴 시간 호흡점을 통해 소리를 낼 수 있도록 연습해야 한다.

복식호흡이 된 상태에서 두성을 내는 것은 괜찮다. 복식호흡을 하면서 두성으로 소리를 내는 것은 성악가들이 노래할 때 많이 내는 소리다. 하지만 책을 읽을 때는 두성까지 사용하는 높은 음은 사용하지 않는다. 그렇기 때문에 본인이 두성으로 책을 읽는다면 복식호흡이 되지 않은 상태에서 소리를 내고 낭송을 하고 있다고 보면 된다.

초5학년인 영희(가명)는 오늘 학교에서 있던 이야기를 엄마에게 들려주었다. 같은 반 용건(가명)이가 항상 책을 읽을 때 한 높이의 음으로 읽는다고 한다. 그래서 용건이가 책을 읽을 때는 아이들이 웃음을 참느라 힘들어 한다고 했다. 선생님은 용건이가 자존심 상해 하니까 웃지 말기를 당부하지만, 아무리 참으려 해도 한참 듣다 보면 터져 나오는 웃음을 어쩔 수 없었다고 엄마에게 말했다.

두성으로 표현하는 음의 높이로 책을 읽는다면 상대방이 들었을 때 얼마나 부자연스러운지 알 수 있는 사례다.

자신이 낭송하기 편안한 음을 찾아 보기

호흡점과 마찬가지로 나의 편안한 발성음을 찾아야 한다. 좋은 목소리를 갖기 위해서는 공명과 복식호흡으로 만들어진 깊은 힘을 가지고 소리를 조음기관의 울림으로 연결해야 한다.

그런 소리가 나려면 기본적인 바른 자세로 책을 읽는 훈련을 해야 한다. 막힘이 없는 소리가 될 때까지 자신의 목소리를 찾으려면 피아노 소리에 자신의 소리를 맞춰 보면 좋다. 집에 피아노가 없어도 걱정할 필요가 없다. 요즈음은 핸드폰 앱에 피아노가 있어서 어디에서나 장소에 구애받지 않고 연습할 수 있다.

〈피아노앱〉   〈피아노〉

호흡점을 찾았다면 호흡점에 손을 얹고 호흡점의 움직임을 인식하면서 소리를 내 보는 훈련을 한다.

초6학년인 선주(가명)는 늘 목소리가 허스키하다. 부모님은 선주의 목소리가 원래부터 타고난 목소리라고 알려줬다. 교과서를 읽어야 하는데 긴 시간 낭독하지 못하고 힘들어 하는 선주를 보면서 제대로 진단하고 훈련을 시켰다. 노력파라서 성적이 상위권이라 지켜보며 습관만 관리하면 되겠다 싶었다. 하지만 낭송 읽기를 하려니 목소리를 바꾸지 않으면 지속적으로 낭독이 힘들다는 진단이 나왔다.

선주처럼 목소리가 허스키한 친구들은 소리를 목에서 내는 경우가 많다. 선주에게 호흡점을 찾아주고 발성연습을 시켰다. 힘이 들었지만 21일 지나면서 선주의 허스키한 목소리가 변화를 보이기 시작했다. 습관이 몸에 배려면 66일을 더 노력해야 한다. 연습카드와 습관체크리스트를 주고 선주를 지켜보기로 했다.

한 달 정도 지나니 선주는 맑은 목소리의 소유자가 되었다. 워낙 허스키한 목소리였기에 일반적인 맑은 목소리보다는 아니지만 허스키한 목소리의 변화가 일어나자 선주와 부모는 매우 기뻐했다. 이처럼 낭송 읽기를 올바르게 훈련하면 목소리가 변화되고 어눌한 말도 고칠 수 있다.

발성은 목소리를 바꿔준다. 목에서 내는 소리, 두성에서 내는 소리, 콧소리로 내는 소리 등을 얼마든지 바꿀 수 있다. 더러는 비염이 있어서 그렇다는 부모들도 만날 수 있지만 예상보다 비염 때문에 목소리가 고착된 경우는 얼마 되지 않았다.

자신이 책읽기 편안한 음을 찾는 방법은 매우 중요하다. 누구와 이야기를 하거나 발표할 때 자신의 편안한 목소리가 아니면 듣는 이로 하여금 거북할 수 있을 뿐더러 본인도 말하면서 듣기가 어색해서 자연스러운 소리로 표현하기가 버겁다. 더군다나 긴 시간을 말해야 하는 상황에서는 더 큰 부담이 될 수 있다.

낭송 읽기는 학습과 연관되어 있어 긴 시간을 읽어야 하고 듣기 좋은 소리로 편안하게 해야 한다. 따라서 자신의 편안한 음을 스스로 찾는 것이 중요하다. 그래야 어느 때라도 자신이 자신의 편안한 음을 찾아 읽을 수 있다.

〈편안한 음찾기 연습〉

피아노 음을 듣고 자신의 편안한 음을 찾아내기

피아노로 음을 천천히 치면서 계이름이 갖고 있는 음을 인식하며 들어보면서 자신의 목소리를 내 본다.

도, 레, 미, 파, 솔, 라, 시, 도, 도~~~~~~
레, 미, 파, 솔, 라, 시, 도, 레 레 ~~~~~~

```
미, 파, 솔, 라, 시, 도, 레, 미  미 ~~~~~~~

파, 솔, 라, 시, 도, 레, 미, 파,  파~~~~~~~

솔, 라, 시, 도, 레, 미, 파, 솔  솔~~~~~~~
```

자신이 편안한 음을 찾았다면 자신의 음에서 10초간 길게 소리를 내본다. 자신의 음에서 10초씩 소리를 내다보면 편안하게 나오는 소리를 알 수 있다.

보통 사람은 '미' 나 '레' 에서 듣는 것을 편안하게 하니까, '미' 로 연습을 해 본다.

남자는 '레' 나 '도' 에서 소리가 나는 경우도 있다. 여자는 '솔' 까지 목소리가 나는 경우도 있지만, 이 소리는 상대방이 듣기에 편안하지 않다.

편안하고 길게 할 수 있는 음 확인하기

자신의 편안한 음이 '미' 라면 아래의 활동을 3번 반복해서 해본다.

도, 레, 미~~~~~, 파, 솔, 라, 시, 도,

레, 미~~~~~, 파, 솔, 라, 시, 도, 레

미~~~~~, 파, 솔, 라, 시, 도, 레, 미

파, 솔, 라, 시, 도, 레, 미~~~~~, 파

솔, 라, 시, 도, 레, 미~~~~~, 파, 솔

스스로 소리를 들었을 때 '솔'이나 '파' 음이라면 지속적인 연습과 훈련을 통해 누가 들어도 편안하게 들을 수 있도록 교정하면 된다. 발성하기 편안한 음을 가지고 소리를 내서 긴 시간 호흡을 늘리며 자신의 소리를 만들어야 한다.

이때 거의 모음으로 연습을 하고 소리의 편안함을 위해 자신의 발성음을 기본으로 여러 소리를 내는 훈련을 하면 된다.

입을 크게 벌리라고 하면 입에 힘을 주거나 크기의 의미를 잘 이해하지 못한다. 이때 하품을 떠올리면 된다. 입을 최대한 벌릴 수 있다. 발성의 시작은 여기서부터다. 하품을 하듯이 입을 벌리면 입술에 힘을 주지 않고 벌어지는 장점이 있다.

자신의 편안한 음으로 모음 연습하기

호흡점에 손을 얹고 자신의 발성음으로 긴 시간 소리를 내는 연습을 한다. 처음에는 10초에서 시작해서 점점 시간을 늘려 가면 된다.

발성훈련으로 기본자세를 갖추고 일주일 했다면 복식호흡을 위한 근육 만들기 자세를 통해 '아~~~'를 반복적으로 해보면 된다. 단, 앞의 호흡법에 대한 기본이 되는 자세들을 모두 갖추고 해야 한다.

이제 복식호흡과 발성을 연결하여 배에서 소리를 끌어 올리는 연습을 한다. 배의 근육을 통해 소리를 내기도 하고 멈추기도 하는 노력을 기울인다. 끊어 읽기에 필요하다.

아 / 아 / 아 / 아 / 아 / 아 / 아　　(10초)

에 / 에 / 에~~~~~~, 에 / 에 / 에~~~~　　(20초)

이~~~~~~~~~~~~~~~~~~~~~~　　(30초)

이아 / 아 / 아 / 아 / 아 / 아 / 아　(10초)

우아 / 아 / 아~~~~~, 아 / 아 / 아~~~~　(20초)

에아~~~~~~~~~~~~~~~~~~~~~~~~　(30초)

오~~~~~~~~~~~~~~~~~~~~~~~~~~~~~~~~　(40초)

183

발성훈련 2주차
문장으로 연습하기

발성은 모음으로 연습하고 단순하게 발성에만 집중해야 한다. 복잡한 책보다는 단순한 문장을 통해 반복적으로 자신의 음색을 찾는 것이 중요하다. 발성연습을 할 때에는 단순문장이 적당하다.

좋은 목소리를 만들기 위해서는 매일 운동이 필요하다. 건강하지 못하거나 힘이 없는 사람들은 소리부터 다르다. 힘에 부치기 때문에 오래하지도 못할 뿐 더러 큰 소리를 내지도 못한다.

문장 읽기

짧은 문장을 통해 호흡을 조절하며 자신이 편안한 소리를 만들어 보는 과정이다. 호흡에 집중하며 음을 조절하는 능력을 함께 키워간다. 가정에서 부모와 자녀가 함께 예시 문장을 보고 재미있는 문장을 만들어 가며 사용하면 더욱 유익하다.

여기에서 주의할 점은 한 호흡 연습도 함께 해야 한다는 것이다. 숨을 들이마실 때나 글을 읽을 때 중간에 끊지 않고 한 호흡으로 길게 마무리가 되어야 한다.

짧은 문장

오늘은 시골에 장날입니다

철수가 학교에 영희와 함께 갑니다

엄마가 시장에서 떡을 삽니다

영희와 순이는 친구사이입니다

엄마는 부엌에서 요리를 하십니다

아빠는 회사에서 중요한 업무를 보십니다

동생은 한솔유치원에 다닙니다

공부를 열심히 해서 꿈을 이루겠습니다

긴 문장

'가난한 사람은 책을 읽음으로써 부자가 되고, 어리석은 사람은 책을 읽음으로써 현명하게 된다.' 는 옛말이 있다. 글을 읽으면 여러 가지로 이로우니 글을 열심히 읽으라고 권하는 말이다.

우리는 글을 통해 생활에 필요한 정보를 얻고 다른 사람의 생각과 감정을 헤아리기도 한다. 또한 선인들의 지혜를 배울 수도 있고, 다른 나라의 문화도 체험할 수 있다.

한 마디로 읽기는 우리의 생활을 윤택하게 해 준다. 특히 정보가 비약적으로 늘어난 정보화 사회에서는 글을 능숙하게 읽어 내는 능력이 있어야 세상의 흐름에 발맞출 수 있다.

디딤돌출판사 중학국어 1-1에서

속담

아이들에게 친숙한 내용으로 하면 좋다. 한 문장을 3번식 반복적으로 하다 보면 저절로 암기가 되어진다. 고학년인 경우에는 사자성어를 활용해도 좋다.

속담읽기는 아이들이 즐겁게 할 수 있고, 일반 상식을 쌓아가는 과정으로 낭송 읽기에서 일석이조의 효과를 얻을 수 있다. 여기에는 간단하게 10개의 문장을 제시하여 놓았지만 책을 구입하거나 도서관에서 빌려다 더 많은 속담들을 읽는 방법들이 있다

가는 말이 고와야 오는 말이 곱다

구슬이 서 말 이라도 꿰어야 보배다

부뚜막의 소금도 집어넣어야 짜다

콩 심은데 콩 나고 팥 심은데 팥 난다

말은 타봐야 알고 사람은 사귀 봐야 안다

물에 빠진 놈 건져놓으니까 내 봇짐 내라 한다

친구는 옛 친구가 좋고 옷은 새 옷이 좋다

사공이 많으면 배가 산으로 올라간다

세 살 버릇 여든까지 간다

열 길 물속은 알아도 한 길 사람 속은 모른다

열 번 찍어 아니 넘어가는 나무 없다

자라보고 놀란 가슴 솥뚜껑보고 놀란다

발성훈련 3주차
낭송으로 하는 마음훈련

이 훈련은 호흡과 소리의 음으로 크고 작은 소리의 음량까지 연습하는 단계다. 낭송 읽기를 통해 발표력까지 향상할 수 있는 단계로 학교에서 발표를 하거나 사람들에게 말할 때 자신감을 갖게 할 수 있다. 듣는 이에게 편안함을 줄 수 있으며 의사소통 능력도 향상시킬 수 있다. 소리의 크고 작음을 숫자로 나타내었다.

1단계 감정표현
- 동사를 통한 자신의 감정을 소리로 말해본다

아이들은 자신의 감정을 표현하는 능력을 키우지 못해 화가 날 때 욕으로 표현하는 경우가 많다. 따라서 이 과정을 통해 자신의 감정을 표현하는 능력을 키워본다.

나는 기쁘다(10)   나는 행복하다(30)   나는 즐겁다(50)

나는 다정하다(60)   나는 무엇이든 하고 싶다(70)

나는 예쁘다(80)   나는 친절하다.(100)

2단계 인성을 키우는 자성예언

입시와 입사면접에서 인성을 강조하고 있다. 시험이 아니더라도 인성은 기본적으로 갖춰야 할 인간의 도리다. 아이가 세상을 살아가는데 무엇보다 중요하게 갖춰야 할 인성은 가정에서 부모가 해결해 줘야 한다.

아이가 인격을 갖춘 사람이 되기를 바라거나, 학생이 스스로 원하는 인재상을 문구로 써서 매일 반복적으로 낭송으로 읽는 방법이다.

나는 무엇이든 노력하면 이루어지는 사람이다(10)

나는 사랑받기 위해 태어난 사람이다(30)

나는 명랑하고 열정적인 사람이다(40)

나는 창의력이 있고 지혜로운 사람이다(50)

나는 원대한 꿈을 가진 사람이다(60)

나는 내가 계획한 것은 실천하는 사람이다(70)

나는 남의 인격을 존중하는 사람이다(80)

나는 부지런하고 예의바른 사람이다(100)

3단계 꿈 이미지로 상상하기

글로 쓰고 말로 하면 꿈을 이루어진다. 자신이 원하는 미래의 모습을 글로 써서 책상에 붙여놓고 매일 바라보고 외친다면 꼭 이루어질 것이다. 발성연습과 낭송훈련까지 해결할 수 있다.

나는 아이들을 사랑하는 수학선생이다(10)

나는 영어를 잘해서 동시 통역사다(20)

나는 아픈 사람들을 고쳐주고 싶어하는 의사선생이다(30)

나는 요리하는 것을 좋아하는 칠성급 호텔의 요리사다(40)

나는 올바른 법의 판단을 하는 법조인이다(50)

나는 장래 카레이서가 되고 싶은 자동차 정비사다(60)

나는 열악한 환경의 사람들을 돕는 사회복지사다(70)

나는 아이들을 사랑하고 존중하는 초등학교선생이다(80)

나는 사람들의 아픈 마음을 고치는 심리상담사다(90)

나는 전 세계를 다니며 연주하는 피아니스트다(100)

메트로놈 설치하기

메트로놈은 아이들이 책을 읽을 때 너무 빨리 읽거나 느리게 읽는 속도를 맞춰주는 기본적인 연습도구다. 어느 정도 적절한 속도로 띄어 읽기를 하는지 알려준다.

듣는 이로 하여금 편안함을 주기 위해 속도 조절은 꼭 필요하다. 발음 연습을 하기에 앞서 꼭 준비해야 할 준비물이다.

메트로놈 앱 설치방법

1. 스마트폰 앱에서 〈메트로놈〉을 선택 후 설치를 실행시킨다.(다양한 종류의 앱들이 있으므로 모두 들어보고 선택하면 된다)

2. 70 -〉 80 -〉 90 -〉 100 -〉 110 속도를 맞춘다. 시작은 천천히 하는 것이 아이들에게 부담이 없다. 천천히 하다가 속도를 줄여가는 방법이 적당하다. 줄인다고 갑자기 줄이지 말고 하루 정도

의 간격을 두고 줄이는 것이 효과적이다.

아이들은 박자를 세기가 쉽지 않다. 옆에서 부모님들이 메트로놈의 박자를 인식하고 손이나 딱딱한 물건으로 살짝 박자를 맞춰주는 노력이 필요하다. 지속적으로 연습을 해주면 어느 순간 아이가 스스로 박자 없이도 읽어 나갈 수 있다.

박자 연습은 먼저 모음으로 시작한다. 아이들이 어려워하지 않고 잘 따라 할 수 있다. 처음부터 부모의 생각대로 할 수 있을 거라는 욕심을 버리고 천천히 아이의 눈높이에 맞춰서 하는 것이 현명한 방법이다.

〈여러 종류의 메트로놈〉

PART

10

낭송 읽기 힘의 원천
발음 훈련법

발음의 기본은 입안을 열고 힘을 빼고

배에서 나오는 공기의 힘으로

소리를 내며 혀를 움직이는 것이다.

낭독의 시너지 발음

발음은 자신의 생각이나 의견을 타인에게 정확하고 명료하게 전달하는 필수 요소다. 자녀가 학교에서 발표할 때나 일상생활에서 의사를 표현할 때 발음 때문에 고생하는 경우를 볼 수 있다.

필자도 혀가 짧아서 회사에 들어간 후에 많이 연습해서 고친 다음에야 발음에 자신감을 찾을 수 있었다. 학창시절에는 발음이 명확하지 않아 발표도 못해서 조용하고 말 없는 아이로 통했다. 그런데 입사 후 영업부서에 근무하면서 발음의 중요성을 알았다. 납품한 물건이 불량품이 아님에도 억울하게 리콜을 하라고 했을 때 전화로 상품에 하자가 없음을 설명해야 했다. 당시에는 딱히 가르쳐 주는 곳도 없어 혼자서 책을 읽으며 발음을 고치기 위해 부단히 노력했다. 지금은 강의까지 하고 있으며, 사람들은 전혀 필자의 혀가 짧다고 생각하지 않는다.

필자처럼 신체적인 요인으로 부정확한 발음을 가진 친구들도 용기를 가질 필요가 있다. 신체의 근육은 단련하기 나름이다. 단지 상황에 따라 기간이 다를 수 있지만 지금까지 써왔던 근육을 버리고 연습과 훈련으로 적합한 근육을 키우면 된다. 입 근육은 사용하지 않고 혀 근육만을 사용하여 연습을 하다 보면 자신도 놀랄 만큼 변화되는 발음을 볼 수 있다.

호흡점을 다시 점검하고 근육에 힘을 주어 발성할 수 있는 자세가 된 다음 시작한다. 준비가 되었으면 짧은 단어로 소리를 내어본다. 이때 메트로놈을 꺼내놓고 80에 맞춰서 박자에 맞게 소리를 내보자. 단어는 짧지만 호흡점에서 복식호흡을 하고 발성으로 긴 시간 동안 소리를 끌어줘야 한다. 이것이 지켜지지 않으면 발음할 경우 두성의 소리를 낼 수 있어 낭독의 효과가 현저히 떨어진다.

낭송의 힘은 3박자가 맞아야 힘을 발휘할 수 있다. 이를 정확하게 지키기 위해서는 발음하기에 앞서 먼저 5분 호흡, 5분 발성을 하고, 발음으로 들어가야 한다. 거울 앞에서 해야 한다는 점을 잊지 말아야 한다. 한 음절 한 음절 제대로 씹어 먹어야 한다. 밥을 먹을 때 소화를 잘 시키려면 천천히 한 알 한 알 잘 씹어 먹어야 하는 것처럼 단어도 씹어 먹듯이 음을 짚으며 호흡을 통해 천천히 하도록 한다.

보통 음가라고 하는 소리값은 모음으로 구성이 되어 있다. 음가는 사람들이 제대로 들을 수 있도록 해야 한다. 여기에는 단모음과 복모음이 있으며, 아이들이 책읽기에 꼭 필요한 발음이므로 너무 깊이 있게 들어가지 않도록 하는 것도 필요하다. 너무 발음에 치중하다 보면 정작 훈련이 되어야 하는 책읽기는 소홀해 질 수 있다.

여기서는 기본 단모음 10개(아, 이, 우, 에, 애, 외, 위, 으, 오, 어)에 연습을 집중하여 본다. 보통 아이들은 연습하기가 쉽지 않으므로 부모님께서 먼저 모양을 보여 주고, 거울 앞에서 연습하는 것이 꼭 필요하다.

거울 보며 입모양을 확인해요

'아' 를 발음할 때에는 아치를 열어주는 것을 기본으로 하고 복식호흡을 통해 계란을 세운 모양이나 하품을 하는 모양이 되어야 한다.

'에' 는 입을 가로로 벌리면서 아래턱으로 입술을 내리는 모습으로 힘을 주면 안 된다. 힘을 주면 발음이 원활하지 않고 강하게 소리가 날 수 있다.

'이' 는 입을 옆으로 양쪽에서 잡아 당기듯이 벌리는 방법으로 먼저 입을 다물었다가 양옆에서 잡아당기듯이 하면 된다.

'오' 는 입술을 동그랗게 원을 만들듯이 하고 연필을 살짝 물면서 동그랗게 잡아주면 된다.

'우' 는 입술을 앞으로 내밀며 동그란 모양으로 하고 입술의 속살이 살짝 보이게 한다.

'애' 는 에와 비슷하지만 아래턱을 조금 더 힘을 줘야 한다. 하지만 힘을 준다고 해서 모양이 바뀌면 안 된다.

'외' 는 '오' 와 '이' 의 연결발음으로 먼저 '오' 와 '이' 를 이어서 천천히 하다가 속도를 내보면 정확한 발음이 된다.

'위' 는 '우' 와 '이' 가 합쳐진 발음으로 '우' 와 '이' 를 이어서 천천히 발음하다가 속도를 내보면 정확한 발음이 된다.

'으' 는 '이' 발음에서 아래턱에 힘이 조금 들어간다.

'어' 의 발음은 '야' 의 발음에서 양 볼이 조금 들어가는 모양이 된다.

바른 입술과 소리 모양을 봐요

책읽기의 내용을 정확하게 발음하기 위해서는 입술과 혀를 바르게 움직여 주어야만 한다. 입술에 힘을 주지 말고 바르게 움직여 뇌가 알아차리는 발음을 하도록 한다.

발음훈련 1주차
입이 먼저 움직여야 해요

성대가 공기를 밖으로 나오게 하면서 소리를 만들어 낸다. 혀와 입모양은 발음을 정확하게 만들어 줘야 소리가 깔끔하고 말의 의미가 제대로 전달된다. 책읽기는 더욱 발음이 정확하게 전달력을 가지고 해야 한다.

발음의 기본은 입안을 열고 힘을 빼고 배에서 나오는 공기의 힘으로 소리를 내며 혀를 움직이는 것이다. 입에 힘을 주거나 목에 힘을 주면 공기가 밖으로 나오다가 목에 걸리게 된다. 이때 발음은 정확하게 소리를 내지 못한다.

따라서 한 번 공기를 빼기 시작하면 마무리가 될 때까지 한 호흡으로 가야 한다. K-POP 오디션에서 JYP대표 박진영이 "소리 반 공기 반"이 나오는 소리라고 했는데 이 말이 여기에 속한다. 소리를 내면서 공기도 함께 나오도록 하는데 힘을 빼고 내보내라는 말이다.

입안을 내 마음대로

낭송으로 내용을 정확하게 발음하기 위해서는 입술과 혀를 바르게 움직여 주어야 한다. 입술의 힘을 주지 않고 혀를 바르게 움직여 책의 내용을 바르게 발음해 보는 훈련이다.

먼저 입술을 털어보자. 어린 아기들이 이런 행동을 하면 비가 온다는 말이 있다.

'푸르르르, 푸르르르르' 소리는 아기 때 말하기 위한 기본 연습일 수 있다는 생각이 든다.

– 혀에 힘을 주고 좌우로 1분 동안 움직여 본다. 입의 양끝을 혀로 왔다 갔다 하면 된다.

– 다음으로 '네롱, 네롱, 네롱'을 1분 동안 지속적으로 한다.

– 그리고 '랄랄랄랄'을 해도 된다. 발음이 정확하려면 혀의 움직임이 자유자재로 움직여야 단어에 따라 다르게 발음되는 강약이 필요한 단어들을 편하게 읽을 수 있다.

> 푸르르르르르, 푸르르르르르, 푸르르르르르, 푸르르르르르르
>
> 혀를 입의 끝에서 끝으로 좌우로 흔든다.

푸루루루루, 푸루루루루, 푸루루루루, 푸루루루루,

네롱, 네롱, 네롱~~~~~~~, 네롱, 네롱, 네롱~~~~~~~

랄라라라라, 랄라라라, 랄라라라, 랄라라라, 랄라라라

입모양 만들기

'아, 이, 우, 에, 오.'

입에 힘을 주지 말고 편하게 한다. 절대로 입술에 힘을 주면 안 된다.

모음훈련으로 단어의 모음만을 읽어보자. 모음이 확실해야 소리를 명확하게 낼 수 있다. 복식호흡을 하면서 공기를 내보낼 때 성대를 움직여서 소리를 내야 한다.

다음으로 혀와 입모양, 그리고 목에 힘을 이용하여 자음을 움직이면 된다. 발음을 할 때 혀의 위치는 아래치아 쪽으로 혀를 내려놓는 것이 좋다.

입술에 힘을 풀고 바른소리 내기

혀 운동이 끝났다면 다음의 도표를 보고 모음으로 먼저 연습해 보자. 얼굴의 근육을 풀어주는 훈련이 함께 되어 경직된 소리가 사라진다. 얼굴이 경직되어 있으면 아무리 좋은 소리를 내려고 해도 정확한 발음이 나오지 못한다.

아	이	우	에	오
이	우	에	오	아
우	에	오	아	이
에	오	아	이	우
오	아	이	우	에

스타카토 느낌 익히기

- 스타카토로 소리를 듣고 손으로 치면서 소리를 낸다.
- 자신의 호흡점과 편안한 음을 가지고 시작해야 한다.
- 다리는 제대로 11자로 되어 있어야 한다.
- 척추는 펴고 있는지 확인하고 시작한다.

– 처음에는 앉아서 하는 것보다 서서 하는 자세가 훨씬 효율적이다.

아 / 따 / 아 / 따 / 아 / 따 / 아 / 따 / 아 / 따 / 아

이 / 따 / 이 / 따 / 이 / 따 / 이 / 따 / 이 / 따 / 이

우 / 따 / 우 / 따 / 우 / 따 / 우 / 따 / 우 / 따 / 우

에 / 따 / 에 / 따 / 에 / 따 / 에 / 따 / 에 / 따 / 에

오 / 따 / 오 / 따 / 오 / 따 / 오 / 따 / 오 / 따 / 오

발음훈련 2주차
입과 소리가 함께 움직여요

정수리에서 뒤의 척추부분 허리 골반 무릎 뒤꿈치 부분이 편안하게 일직선으로 서는 것이 중요하다. 무릎 부분은 너무 힘을 주지 않고 느슨하게 하고 다리는 어깨 넓이로 벌려야 한다. 또한 가슴이라든가 흉식이 변하지 않게 하여 복식호흡을 할 수 있도록 유지하는 것이 중요하다. 턱을 내리거나 올리면 바른 소리를 낼 수 없다. 아치가 열리도록 고개를 바로 세우는 자세가 꼭 필요하다.

이때부터는 독서대를 놓고 연습하거나 벽에 연습 용지를 붙여 놓고 연습을 하면 편하게 읽을 수 있다.

아	이	우	에	오
이	우	에	오	아
우	에	오	아	이
에	오	아	이	우
오	아	이	우	에

자음 넣어 소리 없이 박자 맞춰서 발음연습

가나다라 마바사 아자차카 타파하

간난단란 만반산 안잔찬칸 탄판한

갈날달랄 말발살 알잘찰칼 탈팔할

건넌던런 먼번선 언전천컨 턴펀헌

고노도로 모보소 오조초코 토포호

곡녹독록 목복속 옥족촉콕 톡폭혹

골놀돌롤 몰볼솔 올졸촐콜 톨폴홀

1음절 단어 읽기

발음의 기본자세를 갖추고 본격적으로 발음연습으로 들어간다.
주변에 있는 한 음절로 된 단어들을 찾아서 아이와 함께 준비하
면 더욱 좋다. 낭송에서 시작은 복식호흡과 발성을 모두 포함하는
방법이다. 한 음절로 된 단어들을 찾고 복식호흡을 통해 발성하고
발음을 명확하게 지키는 훈련이다. 50개의 단어를 찾아 써보게 하
고 10개의 단어를 한 숨에 읽게 한다.

발음연습은 특히 다른 훈련보다 시간적으로 간격을 두는 것이
더욱 필요하다. 지속적인 훈련은 도리어 좋지 않은 습관으로 형성

될 수 있다. 또한 에너지가 많이 필요한 훈련이기 때문에 시간적인 간격이 필요하다. 아이의 목소리가 어느 정도 정리가 되고 차분하게 할 수 있도록 이끌어 주기 바란다.

빠른 1박자를 기준으로 '따 / 따 / 따 / 따'를 메트로놈에서 100의 박자에 맞추어 놓고 1음절인 단어를 읽고 1박자 쉬고 다시 1음절을 읽는 순서로 한다.

(예 : 몸, 따, 알, 따, 꽃, 따 ···.)

여기서 따는 소리를 내지 않고 속으로 읽는다.

몸 / 알 / 꽃 / 공 / 탁 / 방 / 가 / 표 / 업 / 먼
말 / 관 / 풍 / 유 / 판 / 역 / 소 / 장 / 간 / 잔
혹 / 감 / 강 / 갓 / 값 / 토 / 똥 / 상 / 명 / 장
금 / 왕 / 여 / 남 / 칠 / 추 / 인 / 혀 / 검 / 게
대 / 칠 / 관 / 성 / 예 / 솔 / 청 / 경 / 문 / 질
괭 / 광 / 통 / 원 / 전 / 자 / 육 / 인 / 직 / 호

발음훈련 3주차
소리 없이 박자 세며 읽기

2음절 단어 연습하기

2음절은 1음절과 동일하나 하나의 단어를 한 박자에 맞추고 나서 따를 넣는다.(첫음절을 뒤의 음절보다 약간 강하게 소리를 내야 뒤의 음절들이 명확하게 따라올 수 있다.)

노래,	소리,	방향,	생명,	생물,	가슴,	보상,
나비,	샛별,	머리,	나무,	생계,	보험,	매장,
매료,	기질,	사찰,	사탕,	회사,	환경,	병원,
부식,	매끈,	나비,	사표,	사랑,	사퇴,	신체,
부인,	부족,	사장,	소망,	정절,	국가,	부자,
부엌,	구름,	먹물,	희망,	정상,	맹추,	먹성,
접시,	빈곤,	국민,	외식,	최고,	피자	

3음절 단어 연습하기

3음절은 2음절과 동일하게 연결하면 된다. 단 '1음절+2음절' 이
든지 '2음절+1음절' 인 경우에는 음절의 첫 마디에 힘을 약간 주
어 강세를 준다. 첫음절을 뒤의 음절보다 약간 강하게 소리를 내
야 뒤의 오는 음절을 명확하게 따라 할 수 있다.

독수리,	비타민,	비행장,	비치다,	팔담댐,
하모니,	부주의,	별기군,	변호인,	바이킹,
홍문관,	남한강,	모질다,	모으다,	맛조개,
마구간,	아열대,	악센트,	닭싸움,	닮은꼴,
단백질,	설악산,	청진기,	체육관,	부잣집,
물놀이,	달팽이,	생머리,	핸드폰,	올림픽

4음절 단어 연습하기

4음절은 3음절과 동일하게 연결하면 된다. 단 '1음절+3음절',
'2음절+3음절', '2음절+1음절' 인 경우에는 음절의 첫 마디에 힘
을 약간 주어 강세를 준다. 첫음절을 뒤의 음절보다 약간 강하게

소리를 내야 뒤의 음절들이 명확하게 따라 할 수 있다.

부지깽이,　바이올린,　문화회관,　바로잡다,

물렁물렁,　물물교환,　모자라다,　산마루길,

리트머스,　단일민족,　생명보험,　바로잡다,

심심풀이,　엑스레이,　저금통장,　협동조합

물끄러미,　마구잡이,　생글생글,　사자성어

바로잡다,　협동조합,　수학여행,　손자병법

연금제도,　우주여행,　종합예술,　논설위원

보충수업,　나라사랑

5음절 단어 연습하기

5음절은 4음절과 동일하게 연결하면 된다. 단 '2음절+3음절', '3음절+2음절' 이든지 '2음절+1음절' 인 경우에는 음절의 첫 마디에 힘을 약간 주어 강세를 준다. 첫음절을 뒤의 음절보다 약간 강하게 소리를 내야 뒤의 음절들을 명확하게 따라 할 수 있다.

타박거리다,	심드렁하다,	에너지자원
용수철저울,	생글거리다,	변덕스럽다
아이스크림,	윙윙거리다,	유럽공동체
웨딩드레스,	오스트리아,	일년생식물
새마을운동,	시각디자인,	안락한침대
우주비행선,	이어달리기,	지리산고개
천연기념물,	국회의사당,	평행사변형

기존에 사투리나 억양이 강한 말투가 있다면 낭송 훈련을 통해 교정하는 시간이 되어야 한다. 속도와 발음, 그리고 편안한 음으로 낭송을 하면 된다.

자신에게는 자신감이 넘치는 목소리가 될 수 있고 타인이 들을 때에는 설득력 있는 목소리로 의사소통을 잡을 수 있다.

211

PART 11

낭송 읽기
최종 마무리 훈련

한 호흡으로 자신의

편안한 음을 가지고 길게 가면서

정확한 발음으로 읽어야 한다.

일정한 호흡 밖으로 보내기 연습

호흡빼기는 책을 읽을 때 발음이나 발성에 많은 영향을 주기에 철저한 연습이 필요하다. 이 호흡방법이 원활히 되지 않으면 아무리 발성을 잘 한다고 해도 입을 자유롭게 움직이는 역할이 줄어든다. 한 호흡으로 가는 훈련은 모음부터 시작해서 문장이 끝날 때까지 호흡을 꺼내며 긴 호흡으로 가는 훈련을 해야 한다.

누에에서 실을 뽑는 정성으로 호흡을 하는 연습의 연장이라고 보면 좋다. 연습할 때 모르는 문장을 읽으면서 하기는 번거로우므로 이미 알고 있는 문장으로 하는 것이 좋다.

사람은 한 번에 두 가지를 신경 쓰면서 할 수 없다. 처음에는 모음으로 시작했다가 차츰 단문장에서 중문장, 그리고 긴문장까지 연결하면 된다.

호흡 꺼내기는 속도가 일정해야 한다. 부모님이 아이 옆에서 박자를 넣어 주던지 메트로놈을 맞춰놓고 하면 좋다. 속도는 빠르지 않게 1박자로 하면 된다. 한 호흡으로 자신의 편안한 음을 가지고 길게 가면서 정확한 발음으로 읽어야 한다.

1주차
한 호흡 발성과 발음에 집중하자

동요로 호흡을 조절하며 나의 음을 정착시켜요

호흡과 발성과 발음 연습에는 동요가 적당하다. 우리는 태어나면서 복식호흡을 했다. 하지만 자라면서 환경적인 요인으로 흉식호흡을 하기 시작한다. 아기는 아직 발성이라는 테크닉을 내지 못하기 때문에 영유아가 부르기 좋게 만든 동요는 음의 변화가 많지 않다.

'병아리', '학교종이 땡땡땡', '송아지', '곰 세 마리' 등 단순하면서도 음계의 변화가 크지 않은 동요를 선택하는 것이 좋다.

병아리	학교종이 땡땡땡
나리 나리 개나리 입에 따다 물고요 병아리 떼 쫑 쫑 쫑 봄나들이 갑니다.	학교종이 땡땡땡 어서 모이자 선생님이 우리를 기다리신다.

동요는 음의 차이가 적기 때문에 자신의 소리를 내는 훈련에는 아주 적합하다.

두 번째 훈련은 초등학교 1학년 교과서를 읽는 방법이다. 초등학교 1학년 교과서에 있는 내용들은 읽기에 편안하고 목소리가 높지 않게 읽어 나갈 수 있다. 도서관에 있는 영유아들이 읽는 동화책도 좋은 자료가 된다.

거리마다 울려 퍼지는 가요가 15금인지 19금인지도 모르고 무방비로 듣고 있는 아이들이다. 인지적 능력을 키워야 하는 사고를 담당하는 뇌가 미디어의 습격으로 무너져 가고 있는 현실에서 아이들이 듣고 있는 소리에 관심을 가져야 한다. 소음은 아이들의 사고에 부정적인 영향을 많이 끼친다. 특히 높은 음들은 아이들을 더욱 긴장하고 불안하게 만든다.

예전에는 운동회나 아이들 행사에서는 동요가 나왔다. 그런데 시대의 흐름이기도 하겠지만 요즈음은 가요가 많이 차지하고 나온다. 중학교 교실의 점심시간이나 방과 후 시간에도 가요가 나온다.

이런 말하면 시대에 뒤떨어진 소리라고 할 수 있지만 요즘 가요의 음은 너무 높다. 또한 복식호흡을 하지 않은 두성의 소리로 부르는 노래가 정말 많다. 그런 음으로 계속 따라 부르면 아이는 자신의 편안한 음을 찾기도 쉽지 않고 머리도 복잡해진다.

또한 음을 떠나서 가사내용도 아이들이 듣기에 시기적으로 맞지 않은 경우가 많다. 사랑하는 사람을 떠나보내고 슬퍼하는 가사는 아이들에게 어울리지 않는다.

아이들에게 동요를 다시 돌려주고 아이들의 리듬을 찾아주는 노력이 필요하다. 동요는 학교뿐 아니라 집에서도 들려줘야 좋다. 부모님이 영어 테이프만 틀어 줄 것이 아니라 동요 테이프도 틀어주며 아이들이 틈틈이 따라 부르게 하는 것이 좋다.

기성가수나 성인이 부른 테이프는 구입하지 않는 것이 좋다. 아이들이 내는 음계에 한계가 있기 때문이다. 처음부터 낭송을 위한 동요 듣기는 아이들이 부르는 동요를 듣게 하는 것이 좋다. 듣기와 따라 부르기를 하면서 차츰 학년에 맞게 올려주는 관리가 필요하다.

곰 세 마리(작가 미상)

곰 세 마리가 한 집에 있어

아빠곰 엄마곰 애기 곰

아빠곰은 뚱뚱해

엄마곰은 날씬해

애기곰은 너무 귀여워

으쓱 으쓱 잘한다

노을(이동진 작사, 안호철 작곡)

바람이 머물다 간 들판에

모락모락 피어나는 저녁연기

색동옷 갈아입은 가을 언덕에

빨갛게 노을이 타고 있어요.

허수아비 팔 벌려 웃음 짓고

초가지붕 둥근 박 꿈꿀 때

고개 숙인 논밭의 열매

노랗게 익어만 가는

바람이 머물다 간 들판에
모락모락 피어나는 저녁연기
색동옷 갈아입은 가을 언덕에
붉게 물들어 가는 타는 저녁놀

섬집아기(한인현 작사, 이홍렬 작곡)

엄마가 섬 그늘에 굴 따러 가면
아이는 혼자남아 집을 보다가
바다가 들려주는 자장노래에
팔 베고 스르르르 잠이 듭니다.

아기는 잠을 곤히 자고 있지만
갈매기 울음소리 맘이 설레어
다 못 찬 굴 바구니 머리에 이고
엄마는 고갯길을 달려옵니다.

2주차
한 호흡으로 교과서 읽어 보기

교과서에는 문학과 비문학이 수록되어 있다. 다양한 장르의 글들을 접할 수 있다. 문학의 장르를 기초부터 공부하고 싶다면 교과서 읽기가 제일 좋다. 어휘력을 향상시키는 데에도 적당하다.

보통 교과서는 개념어 위주나 사건 중심으로 정리되어 있다. 따라서 낭송 읽기로도 제일 훈련하기 쉬운 교재다. 천천히 기초부터 연습하다 보면 성적도 상승하고 읽기능력도 향상시킬 수 있다.

문장을 끊어 읽기

끊어 읽기는 문장의 흐름을 파악할 수 있다. 독해할 때 필요한 단어들은 말할 때와 달리 단어들마다 끊어 읽기가 되어야 자연스럽게 독해가 될 수 있다. 아이들이 말하는 단어들에는 어렵거나 전문적인 단어들이 많지 않다. 아이들이 말을 잘 해도 책을 읽을 때 독해하는 능력이 떨어지는 이유는 책에는 전문적이고 어려운 단어들이 많기 때문이다. 따라서 끊어 읽기를 통해 어휘력을 넓히고, 읽기 능력을 키워가는 것이 중요하다.

아이들에게 끊어 읽기를 시키면 어디에서 끊어 읽어야 할지 힘들어 한다. 이때 제일 좋은 방법은 주어에서 끊어 읽기다. 보통 연설할 때도 주어에서 살짝 쉬었다가 나머지 말을 전달하면 듣는 이가 분명히 알아 들을 수 있다.

끊어 읽기에 적합한 곳은 주어인 '-은, -는, -이, -가' 라는 말 뒤라는 것을 염두에 두었으면 한다.

문장마다 여러 가지 의미가 담겨있는 긴 문장을 볼 수 있다. 이때 그 문장들을 분리해서 읽도록 해서 독해능력을 키워주는 것이 필요하다. 그렇게 하는 것이 읽기도 수월하고 낭송으로 읽기에 적합하다.

'나는 아침에 일찍 일어나 학교에 갔다.'

이 문장은 **'일어났다'** 와 **'학교에 갔다'** 라는 두 문장으로 나눌 수 있다.

독해력이 약한 친구들은 문장이 길게 되어 있을 때 문장을 나누어서 의미를 파악하고 전체적으로 파악하는 연습을 해야 한다.

나의 삶에 중요한 것은 / 최선을 다하는 것이다

(나의 삶에 중요한 것이 있다. / 최선을 다하는 것이다)

교과서

개미는/ 독특한 냄새를 남깁니다. /먼저 간 개미는 /나중에 올 개미가 /길을 잃지 않도록 냄새를 묻히며 기어갑니다. /뒤에 오는 개미들은 /그 냄새를 맡으며 같은 길을 가게 됩니다. 개미들이/ 서로 다른 길로 가지 않는 까닭이 여기에 있습니다.

개미는(따) 독특한(따) 냄새를 남깁니다. 먼저 간 개미는 나중에 올 개미가 길을 잃지 않도록 냄새를 묻히며 기어갑니다. 뒤에 오는 개미들은 그 냄새를 맡으며 같은 길을 가게 됩니다.

개미들이 서로 다른 길로 가지 않는 까닭이 여기에 있습니다.

개미들은 협동을 잘 합니다. 먹이를 집으로 나를 때에 힘을 모읍니다. 작고 가벼운 먹이는 혼자 나르지만 크고 무거운 먹이는 여럿이 힘을 합하여 들고 나릅니다.

그리고 집으로 가져간 먹이는 사이좋게 나누어 먹습니다. 개미는 진딧물과 서로 돕고 삽니다. 진딧물은 개미가 좋아하는 단물을 줍니다. 개미는 진딧물의 단물을 먹고 무당벌레가 진딧물을 잡아먹으러 왔을 때에 쫓아 줍니다. 진딧물은 개미한테 먹이를 주고 개미의 도움을 받습니다.

— 국어 2-1 가 〈개미 이야기〉 발췌

3주차
자기를 소개하는 표현 능력 키우기

자기소개서 낭송 읽기 훈련

인자하시고 훌륭한 부모님의 둘째 딸로 태어나 어려서 부터 스스로 자신의 일은 알아서 하는 독립적인 아이로 자랐습니다. 부모님께서는 책임감 있는 아이가 되라고 하셨고 저 또한 끈기와 인내심이 필요하다고 느껴서 노력하는 사람으로 살았습니다. 학교에서는 반장으로서 반 아이들을 책임지고 이끄는 리더십을 발휘했으며 선생님을 존경하면서 지도하시는 대로 잘 따랐습니다.

저는 커서 힘들고 곤경에 빠진 사람들을 도와주는 경찰이 되기로 하였습니다. 어려서 부터 아버지께서 남을 위해

봉사하시는 모습을 보면서 존경하는 마음을 갖고 있었습니다. 그러던 중 길을 잃은 할머니를 도와 집을 찾아 주시는 경찰 아저씨를 보면서 경찰이 되어 힘들어 하시는 분들을 도와주어야겠다고 생각했습니다.

저는 경찰이 되기 위해서 공부를 열심히 합니다. 그래서 우등생의 자리를 놓치지 않으려고 노력합니다. 또 몸을 튼튼하게 하기 위해서 태권도도 다닙니다. 저는 미래에 꼭 국민을 도와주는 경찰이 되겠습니다.

사명서 낭송 읽기 훈련

나는 부모님을 존경하고 사랑한다. 아빠는 회사에 다니시느라 힘들어도 다른 사람에게 그런 모습을 보이시지 않는 깨끗한 분이시다. 어떤 위인보다 내 가슴에 남을 분으로 존경한다.

학교에서 한 달에 얼마를 나눠주고 생활을 해보라고 했

227

는데 무척이나 힘들었다. 아빠가 회사에서 얼마나 고생해서 돈을 벌고 계시는지도 알게 되었고 엄마가 생활을 얼마나 알뜰하게 하시는 지도 알게 되었다.

이제부터는 아빠의 모습을 본 받아 나도 누군가에게 존경받는 사람이 되도록 노력하겠다. 그리고 딸로서 부모님께 걱정보다는 기쁨이 되고 내가 할 일은 스스로 알아서 하는 노력하는 딸이 되겠다.

또한 학생으로서 선생님 말씀도 잘듣고 공부도 잘해서 우등생이 되어야겠다. 숙제는 밀리지 않게 저녁에 하고 나중에 크면 훌륭한 사람이 되겠다.

아나운서 낭송 읽기 훈련

간장 공장 공장장은 강 공장장이고,
된장 공장 공장장은 공 공장장이다.
작년에 온 솥 장수는 새 솥 장수이고,
금년에 온 솥 장수는 헌 솥 장수이다.

중앙청 창살은 쌍 창살이고, 시청의 창살은 외 창살이다.

우리 집 옆집 앞집 뒤 창살은 홑겹창살이고,

우리 집 뒷집 앞집 옆 창살은 겹 홑 창살이다.

내가 그린 기린 그림은 긴 기린 그림이고

네가 그린 기린 그림은 안 긴 기린 그림이다

저기 계신 저 분이 박 법학박사이시고,

여기 계신 이분이 백 법학 박사이시다.

멍멍이네 꿀꿀이는 멍멍해도 꿀꿀하고,

꿀꿀이네 멍멍이는 꿀꿀해도 멍멍하네

신문의 기사문 읽기 훈련

조선일보 2015.09.23일자 신문기사에는 '스마트 폰 이용 시간이 밥 먹는 시간보다 많네.' 라는 기사의 제목이 있습니다. 한국 사람들이 하루 동안 스마트 폰을 쓰는 시간은 평균 2시간 23분으로 하루 밥 먹는 시간(1시간 56분 · 2014년 통계청 조사)보다 더 많은 것으로 나타났다고 합니다.

우리나라 스마트 폰 이용자들은 타인과 '소통'하기보다 혼자만의 '놀이'에 더 많은 시간을 할애했습니다. 게임·동영상·음악·웹툰 등을 사용한 시간이 52분(36.7%)으로, 메신저·소셜 네트 워킹서비스(SNS) 등으로 인맥 관리를 하는 데 쓰는 시간(50분, 35.6%)보다 많았습니다.

　　연령대가 높을수록 이용 시간이 짧았습니다. 10대가 하루 평균 2시간 50분으로 가장 길었고, 50대 이상은 1시간 28분을 사용했다고 합니다.

　　연령별로 가장 많은 시간을 들여 이용하는 앱은 10대가 엔터테인먼트(26.1%), 20대는 메신저(28.3%), 30대는 게임(28.8%), 40대는 포털·생활정보·뉴스 등 정보 검색(26.5%)으로 집계되었으며. 게임 사용시간은 30대가 평균 40분으로 가장 길고, 그 다음은 20대(32분), 10대(27분) 순서라고 전하고 있습니다.

지금까지 이 글을 읽어주시고 〈공부쉽게하기연구소〉와 함께
낭송 읽기에 관심을 가져 주신 분들께 진심으로 감사드리며,
숨쉴 때마다 조금씩 더 행복해 지시길 기원합니다.

낭송 읽기 혁명 프로젝트

교육목표	아이의 읽기 능력을 키워 학업성취를 도와준다.		
대 상	읽기 교육에 관심있는 모든 분들(선생님 및 학부모)		
교육내용	낭송 읽기를 통해 읽기와 독해능력을 키워 학업성취를 이루고, 나아가 발표력과 자신감을 키워줘서 학교생활을 재미있게 한다.		
회차	강의주제	내용	비고
1	낭송 독서법	낭송 독서법의 중요성과 효과를 알아본다.	
2	읽기코칭1	동요와 독서의 연관성을 알아본다.	
3	독서근육훈련	전두엽을 키워주는 낭송읽기 독서법을 경험한다.	
4	독서집중력	전두엽을 키워주는 낭송읽기 독서법을 경험한다.	
5	읽기코칭2	분야별로 읽기코칭의 필요성을 알아본다.	
6	독서대화	독서를 통해 소통하는 타협 대화를 이해한다.	
7	독서토론	동화책을 통한 독서 토론을 경험한다.	
8	다중지능독서	다중지능검사를 통해 독서에서의 약점을 보완한다.	
9	꿈을 찾는 독서	자녀의 진로 네비게이션을 독서를 통해 알아본다.	
10	독서포트폴리오	우리 아이 독서 포트폴리오를 만들어 본다	
비고	1. 쉽게공부하기연구소에서 함께 합니다. 2. 학부모 단체나 평생학습 현장에서 단체로 불러 주시면 즉시 강좌개설해 드립니다.